グローバル時代の
コア・ベクトル

― 意外性への視線 ―

[編著]
淺間　正通
山下　　巖

遊行社

まえがき

日本の世界的立ち位置を確立すべく連呼されてきたキャッチワード「国際化」が、「グローバル」という言葉に遷移し始めたのは一体いつの頃からなのだろうか。その歴史について学術的な視点で紐解けば、多様な議論が尽きなかろうが、我が国で今やすっかりと市民権を得た「グローバル」という語の時代的背景との親和性から捉えると、おそらく１９９０年代前半の商用プロバイダサービスの登場、90年代中盤のＡＤＳＬの普及・光回線の登場、そしてインターネットの普及率が著しく伸び始めた90年代後半という時代的推移に併行しながら、その言語使用が成熟していったように思える。とは言っても、やはり２００５年にネット普及率が70％に達したタイミングが最も違和感なく社会に受容され始めた頃合いと言えようか。というのも「国際化」の前提には、当然ながら国家または国境という概念が介在し、それらを超えてヒト・モノ・カネといった政治や経済、また文化の世界的な交流が推進される姿が連想されるのだが、「グローバル」と言った場合には「地球規模の」という辞書的意味に支えられるように、国家自体の関与イメージは極めて希薄となるからである。まさに、２００５年は、時間・空間・距離を圧縮し得たインターネットの特質と「グローバル」が広く符合した時期と言えよう。

しかし、昨今使用されるこの「グローバル」という今日的言語文脈を冷静に読み解いてみると、どうも本来的な理念から逸脱し始めている感を拭い得ない。というのも、明治期のアジアを脱して先進世界の仲間入りを果たそうとすべく掲げられた「脱亜入欧」、その後の「欧米化」の社会風潮を引き継いだ「国際化」と本質的に何がどう変わってきたのかが実に見えにくいからである。なぜならば、教育および企業の場で象徴的に見え隠れする「グローバル人材＝英語を自由に操れる人間／国際経験豊富な人間」の縮図には、なぜか先進世界への追随風潮がより強化されているかのように思えたりするからである。確かに、グローバルとは外向き志向の重要スタンスであるのは分かるが、自国の安定性なくして国際社会からの信用などは到底獲得できない真理を熟察すると、グローバルと連呼する以前に自文化への深い造詣と理解に支えられた発信力が問われて然りである。そうでなければ、上辺だけの「グローバル」人材の量産に留まることであろう。

東京大学教授、東京女子大学初代学長、国際連盟事務局次長を務め、そして世界中に翻訳されて広く親しまれた『武士道』を著した新渡戸稲造氏は、真の国際人としてよく引き合いに出される人物である。国際的な外交経験、豊富な異文化生活経験、堪能な語学力を軸に、同書を通じて日本人の精神論を解説し、「宗教教育がない日本人に道徳教育が成り立つわけがない」との海外識者の疑問を払拭した姿は、国際畑の最前線にいながらも決して自文化アイデンティティを失うことなく、心の中心にしっかりと「自らの国、日本」を据えていた人物と言える。自文化、自文化と声高に叫んでしまうと、時にエスノセントリズム（ethnocentrism）に染まった自民族優先主義者との誹《そし》りを免れない昨今であるが、自国の伝統の淵源に対する深い洞察力と畏敬の念が異文化間に屈折して伝わるようであるならば、それは単に自虐的な解釈が為せる業に過ぎなかろう。国境を超えて伝播し合える異文化共感力、転じて当該文化の伝統を絶えず尊重し合える心のボーダレス化教育こそがグローバルな課題であると考える。

本書は、上述したような思いからアイデアを温めて集大成した書である。従来の「グローバル」を説いてきた書籍とは一線を隔し、グローバル時代ならではの「意外性」に目を向けるべく編んだ書である。したがって、そのアプローチは、我が国の学びに資する諸外国の意外性に焦点を当てるばかりでなく、国内にても視座転換が求められる、教育、医療・看護、情報（ＩＴ）、行政、運輸、スポーツ、レジャーなど、様々なジャンルからの意外性への視点移動も訴えた。よって、本書は、第Ⅰ部では【グローバルに見つめる日本力の針路】と題して、純粋に諸外国に対して学びの眼差しを向け、第Ⅱ部では【グローカルに見つめる日本力再生の萌芽】と題して、国内に燻《くすぶ》るクリティカルなグローバルイシューに目を向けて発想転換の必要性を訴えてみた。いずれも身近な問題ばかりであるが、これまで意外となおざりにされてきた節がある。本書が「グローバル」な話題で麻痺しがちな日常に対して、あらためて読者の問題意識の先鋭化に多少なりとも寄与することができれば、執筆者一同の喜びとするところである。

最後に、2012年に『世界を歩く君たちへ』、2016年に『デジタル時代のクオリティライフ』、そして今回、本書の出版をも手掛けていただき、常に我々執筆陣の発想を側面から支えていただいているモルゲン編集部の本間千枝子編集長に御礼を申し上げるとともに、今回もまた懇切丁寧に編集に尽力いただいた編集部の方々にも厚く御礼を述べる次第である。

2018年12月吉日
編著者　淺間　正通

目次

まえがき　2

第Ⅰ部　グローバルに見つめる日本力の針路

第1章　グローバル先進国シンガポール
―試練を繁栄に変えた世界観―　笹本　浩　14
1・はじめに／2・民族が混在する国／3・資源に乏しい国／4・国土の狭い国／5・グローバル国家の次なる姿／6・おわりに

第2章　世界をリードする人材の宝庫シンガポール
―EQとCQ、今なぜ重視されるのか―　小林　猛久　27

1・メリトクラシーの国シンガポール／2・メリトクラシーを支える教育制度／3・EQを重視する社会背景／4・CQが培われる社会背景／5・グローバル人材として活躍するシンガポール人／6・結語

第3章 フィンランドのボーングローバル企業はなぜ強いか
―イノベーション大国を支える人材育成教育― 山下 巖 43
1・はじめに／2・ボーングローバルベンチャーとは何か／3・ボーングローバルベンチャーを生み出す仕組み／4・イノベーション大国を支える教育／5・日本でもグローバルベンチャー教育は可能か（結びに代えて）

第4章 多価値を認めながら互いに支え合う温かなコミュニティー
―クチン市に学ぶ日本の多文化化への示唆― 安冨 勇希 62
1・序／2・マレーシアの調和都市クチン／3・寛容な心を育む文化的土壌の成り立ち／4・クチン市における潜在的不安要素／5・日本の多文化化に向けて／6・結語

第5章 「単一民族国家」が直面したグローバル化への必然と未来志向の模索
―韓国は如何にして多文化社会移行課題と対峙してきたか― 木内 明 75
1・「単一民族国家」という幻想／2・韓国社会の多文化化／3・外国人住民の前に立ちはだかる壁／4・外国人住民を受け入れる国家対応／5・日本への示唆と「多文化相生」という理想

第6章 グローバルコミュニケーションの極意は「自然体」
―挿話ベースで考える異文化共感力の核心― 淺間 正通 92
1・「グローバル」という抽象性／2・置き去りにされた自文化発信力／3・外国語運用能力に先立つ異文化共感力／4・共感的立ち位置を醸成する日々目線／5・結語

第Ⅱ部　グローカルに見つめる日本力再生の萌芽

第7章　Web3.0時代のグローバル志向型人材の育成
―教育イノベーションとプレイフル・コミュニケーションの創出―
前野　博　118
1・プロローグ―街角の邂逅《かいこう》―／2・出会いによって産み出されるもの／3・内向き志向の若者たち／4・興味と学習のメカニズム／5・情動を揺さぶる動機付け／6・Web3.0時代に求められる資質／7・エピローグ―新たな出会いに向けて―

第8章　日本の大学教育のグローバル化を再考する
―今、求められる柔軟なカリキュラム設計―
小川　勤　136
1・序／2・大学教育グローバル化の進展／3・国際教育交流プログラムの展開事例／4・米国における学生の海外留学の現状と課題／5・日本人学生の海外留学を阻害する諸要因／6・問題解決の視点（結語に代えて）

第9章　非母語話者同士の英語コミュニケーション
―現代に探るその新たな効用―　西村 厚子　153
1・語学教育におけるネイティブ至上主義／2・コミュニケーション強者としての英語母語話者／3・非母語話者同士の英語コミュニケーション／4・国際補助語としての英語へ

第10章　もうひとつのグローバルコミュニケーション
―「やさしい日本語」のすすめ―　伊東 田恵　162
1・はじめに／2・「やさしい日本語」によるコミュニケーション／3・「やさしい日本語」と日本語母語話者の役割／4・内なる国際化のために／5・おわりに

第11章　病のボーダレス化、そして健康のグローバル化
―結核を切り口に考える「健康基盤型社会」へのシフト―　酒井 太一　177
1・問題意識の設定／2・結核は過去の病か／3・結核を切り口に考える望ましい保健対策とは／4・「健康基盤型社会」へのシフト／5・「ファジーな」対策が目指す「たおやかな」社会

第12章 進展する介護職のグローバル化
―日本型対応としての介護従事者受け入れ施策― 榎本 佳子 192
1・日本の介護従事者を取り巻く現状／2・外国人介護従事者への期待／3・日本型対応としての外国人介護従事者受け入れ施策／4・結語

第13章 在住外国人のエンド・オブ・ライフに関する一考察
―最後まで〝自分らしく〟を支えるために― 林 亮 204
1・在住外国人のQOD（Quality of Death）／2・スピリチュアルペインとは／3・在住外国人と日本人の関係性／4・在住外国人へのスピリチュアルペイン緩和ケアのあり方／5・在住外国人とのコミュニケーションの円滑化に向けて

第14章 インバウンド対応から捉えた日本のアクセシビリティ
―スムーズな鉄道移動を考える― 長沼 淳 217
1・はじめに／2・増加するインバウンドへの現実対応と課題／3・個別対応を軸とした新たな対策の必要性／4・おわりに ― 快適な旅行とは ―

第15章　海外で経験知を蓄積した日本人体操指導者の人材価値
―事例から見えてくる新たなグローバル人材育成の可能性―
釘宮 宗大／石井 十郎　228
1・日本人体操指導者たちのキャリア形成環境／2・海外に自己アイデンティティを見出した指導者たち／3・現地で試練と対峙する指導者たち／4・スポーツ界における人材価値とグローバル化人材育成への示唆／5・結語

編著者プロフィール　248
執筆者プロフィール　250

表紙カバー挿画／浅見 麻耶

第Ⅰ部

グローバルに見つめる日本力の針路

第1章　グローバル先進国シンガポール

―試練を繁栄に変えた世界観―

【笹本　浩】

1. はじめに

マレー半島最南端に位置し、日本の淡路島ほどの国土面積を有する東南アジアの小さな島国シンガポール。今から半世紀ほど前、人口は約200万人、1人当たりの国内総生産は4000ドル程度であった。現在の人口は561万人、1人当たりの国民総生産は59627ドル（2017年）に上る[1]。今日、世界有数の経済先進国である。

グローバリゼーションが国や地域を超えた市場の開放や人々の共生を志向する経済や社会のあり方であるとすれば、シンガポールは今日のグローバルな社会・経済のモデルであり、その意味においても間違いなく先進国であると言える。50年前「資源なき多民族の小国」としてその歴史を歩みだしたシンガポール。本稿では、同国がそれらの課題にどのような発想で取り組み、そしてどのようにして今日の繁栄を築き、国家の成長へと結びつけているのかを探る。またその上で、私たちが私たち自身の今日的課題を考える上での視座を提示してみたい。

シンガポールのアイコン：
マーライオンとマリーナ・ベイ・サンズ

2. 民族が混在する国

世界には、異なる民族が同じ国内に、もしくは国境を隔てて、隣り合わせに暮らしているケースが多々ある。いや、むしろそれが自然であり、広義において単一民族が地理的に離れた島に暮らしている日本のような国の方が例外であろう。異なる民族同士が接する環境は古来より紛争が起こりやすい。ルワンダ、ボスニア・ヘルツェゴヴィナ、スリランカなど、近年においても民族や部族間の激しい武力衝突があったことは記憶に新しい。

中華系（74％）、マレー系（13％）、インド系（9％）、その他（4％）で構成されるシンガポールも（図1）、1969年に華人とマレー人の対立から人種暴動を起こしている。その後は大きな暴動の発生こそなきもの

図1　シンガポールの人種分布

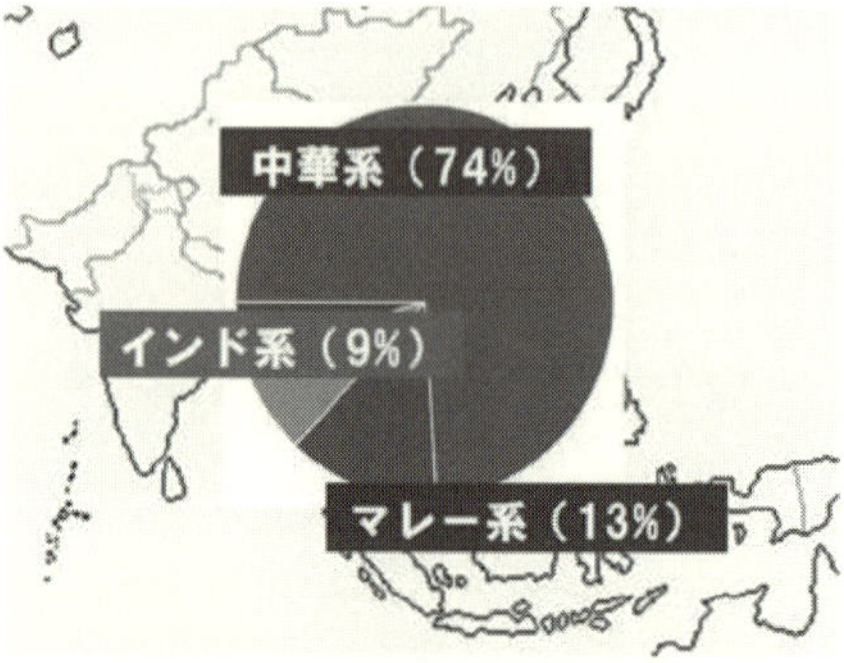

（各種資料を基に筆者が作成した）

の、一般的にこうした多民族・多宗教社会はいつの時代も紛争の火種を抱えているようである。しかし、同国政府は個々の民族の存在を社会や国家の「融和の障壁」とは考えていない。むしろ、華人とマレー人とインド人の混在を「アジア世界のミクロコスモス」と捉えているかに思える。この国では二言語政策を採っている。共通語である英語と民族固有の母語である。英語は異なる民族同士の共生のため、母語は各民族のアイデンティティを維持するためである。母語はまたシンガポール人にとって、新興大国である中国（13億人）、インドネシア（2.5億人）、インド（12億人）へのハブ人材となるための優位性を担保する要件にもなる。そこには多民族であることをポジティブに捉えようという発想がある。

逆転の発想とも言うべきこうした考え方は、例えばビジネスの現場でも功を奏する。「治験市場」としての潜在性は、その良い例であろう。薬は人種の相違によって効果や副作用がまちまちである。そのため製薬企業は、世界の各地域で人種ごと個別に治験を行う必要がある。だが民族の混在するシンガポールでは、世界の製薬企業にワンストップで格好の「治験市場」を提供できるのである。「多民族」という特性をビジネスシーンに繋げる強《したた》かな発想がそこにある。

またシンガポールは、人口に占める外国人の比率が高いという側面も持っている。「知識労働者」から「非熟練労働者」まで多様だが、全人口に占める外国人の割合はおよそ3

割、街に出れば実に3人に1人が外国人なのである。

「シンガポール人であるとはどういうことでしょうか？」こう問われたシンガポール建国の父リー・クアンユーは次のように答えている。「私が定義するシンガポール人…この国に来る人は誰であれ自分たちの仲間なのだと受けとめられる人間」[2)]これこそシンガポールをグローバル先進国ならしめている価値観だと言えるだろう。

ちなみに、日本において「移民問題」は、今日的な主要課題となりつつある。人道上の理由による従来からの「難民受入れ」、昨今の人手不足解消策としての「外国人労働者受入れ」に加え、人口減少への長期的視野に立った「移民受入れ」まで、議論の対象は広がる。背景は多々あれ、共通する課題は生活習慣も価値観も異なる人たちとの共生にある。

日本人は、これまでもその時々に、いわゆる「世界の中の日本」という視点から独特の「日本人論」を展開してきた。21世紀、グローバル化がますます進展し、「移民問題」が世論を二分する時代、「日本人とは」と問われたらどう答えたらよいのであろう。シンガポールを知るにつけ、自分たち自身が直面する課題に重ね合わせて問うてみたい。私たちはこれからの「日本人」をどう再定義したらよいのだろうか。

3．資源に乏しい国

シンガポールには富の源泉となる天然資源は無いに等しい。独立当初は、国家の存続すら危ぶまれていたほどである。よって「自国の天然資源より世界の情報資源を」という発想、すなわち「外資誘致」の国家モデルは必然であり、当時も今もこれに替わる戦略的な選択肢はないといってよい。

70年代の「石油化学」業を皮切りに、80～90年代は半導体やIT関連製品など製造業、その後は領域を金融やサービスなど非製造業へと広げ「金融のハブ」として今日のアジアにおける金融センターの地位を築くことになる。現在はポートフォリオをさらに拡大し、娯楽、医療、教育などの分野で「外資誘致とハブ化戦略」の展開を図っている。「知《ナレッジ》を輸入し、

図２　シンガポールの外資誘致の推移

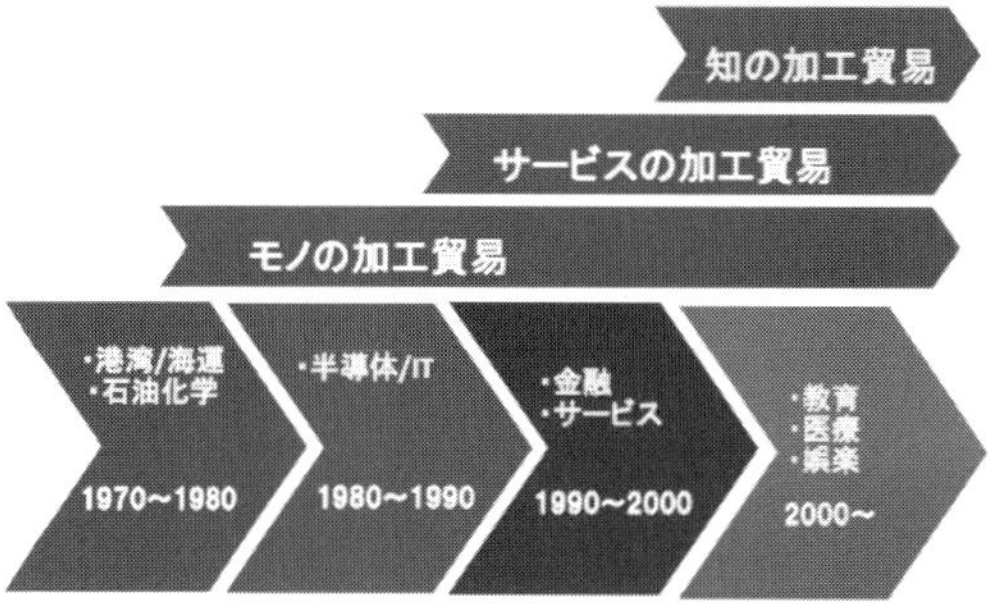

（各種資料を基に筆者が作成した）

付加価値を付けて、世界に輸出する」、いわば「知の加工貿易立国」と言ってもよいであろう（図2）。

あらゆる資源の中で「水資源」は、独立当初からシンガポール最大の課題であった。降雨量が多い反面、河川や地下水に乏しく需要を賄いきれない。貯水池に溜まる雨水以外は、隣国マレーシアからの輸入に依存していた。両国に架かった給水パイプは、シンガポールにとってライフラインである。給水停止や価格の吊り上げは、マレーシアにとって常に格好の外交カードであった。一方シンガポールにとっては最大のアキレス腱である。しかし、その後「下水の浄化」技術の導入により「再生水（ニューウォーター）」の製品化に成功し、さらには「海水の淡水化」にも取り組み始めて自給率の向上を図っている。逆境をバネに、シンガポールはこうして今や「グローバル・ハイドロ・ハブ（水ビジネスにおける世界の拠点）」を目指している。また近年ではデジタル技術を応用して「真水を仮想レモネードに変える」ユニークな試みも発表し、さらなる水の付加価値化を図っている。輸入依存から自給率向上へ、さらにはその研究開発技術のグローバル展開へ、同国の「外資誘致とハブ化戦略」は着々と進展している。

ところで、日本の資源問題といえば、目下最大の事案は「原発のゆくえ」であろう。石油資源への輸入依存から脱却すべく、原子力エネルギー開発による自給率の向上を図り、ひいては原子力発電事業のグローバル展開につなげる。そこにはシンガポールの水資源開発にも重なる成功モデルが描かれていたに違いない。２０１１年のあの福島原発事故が起こるまでは…。今では「原発停止」を主張する人びと、「原発再稼働」を狙う行政、さらには「原発プラント輸出」を推進する企業と、各者が各様の動きを見せている。これらを有機的につなげる戦略ロードマップは失われてしまったかにみえる。そんな時代、私たちは「エネルギー資源のグランドデザイン」をどう再設計すればよいのだろうか。

4. 国土の狭い国

シンガポールのアイコンと言えばマーライオン。今ではそれもマリーナ・ベイ・サンズに取って代わられた感がある。地震なき国といえども、かつては海だった土地を埋め立て、あれほど巨大な建造物を建てるのだから驚きである。シンガポールの海岸沿いには埋立地が多い。ただ国土開発の限界は、国の成長の限界にもつながりかねない。そのため、この国には「自国の国土に依存しない富の創出」という発想があるのだろう。実際に１９８０年代の終わり頃から、「成長のトライアングル」をキャッチフレーズに、隣国インドネシアやマレーシアとの接点に富の源泉を作ろうという構想を掲げた。こうして、90年代にはインドネシアのバタム島とビンタン島（ともにシンガポール沖合の島でインドネシア領）で、両国共同の工業施設やリゾート地の開発が進められた。ここで創出される富は領有地であるインドネシアに落ちる。しかし、これらの島へのインドネシア側からのアクセスは事実上困難なため、実質的にはゲートキーパーたるシンガポールのメリットが大きい。互恵的とはいえ、シンガポールの強《したた》かな発想がここにある。また今日では、マレーシア南部のジョホール州に新都市を建設しようという計画（イスカンダル・プロジェクト）がマレーシアとシンガポール両国の間で進行している。2025年までに、シンガポールの3倍に相当する広大な土地に「ヒト、モノ、カネ、技術」を呼び込もうという壮大な構想である。マレーシアの国家プロジェクトという位置づけであるが、シンガポールに隣接した同地に第2第3のシ

図3　インドネシア、マレーシアとの共同開発区域（略図）

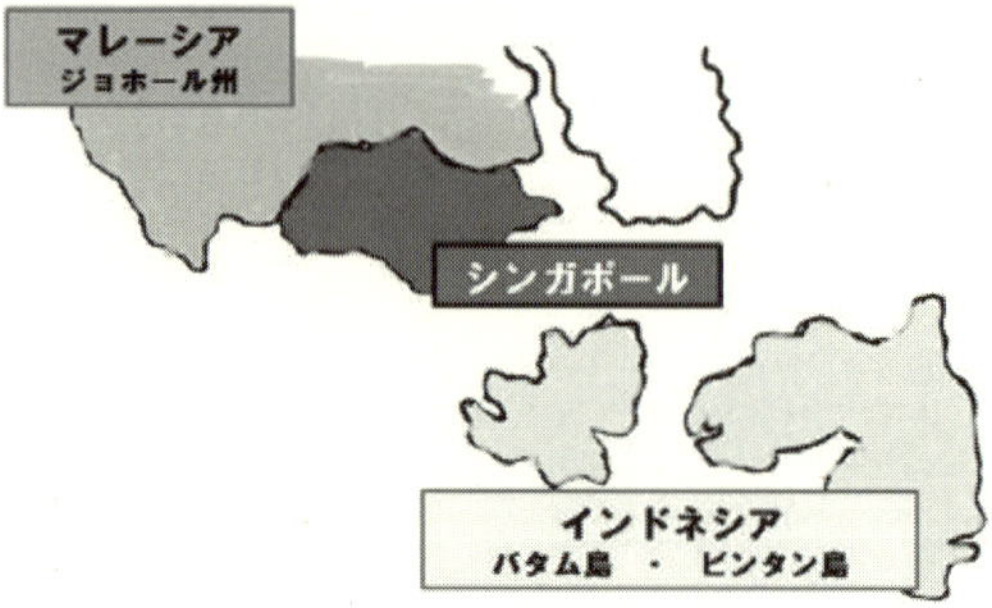

（各種資料を基に筆者が作成した）

ンガポールを作ろうという動きとも捉えられる。自国の国土に頼らない富の創出モデルがここにも見られるのである（図3）。

本稿の冒頭でシンガポールを「淡路島ほどの国土面積を有する…」と記述した。旅行ガイドや同国に関する文献などシンガポールの概要を日本人に紹介する際の枕詞《まくらことば》は、数十年前まで決まって「淡路島ほどの国土面積を有する」というものであった。それがいつの頃からか「淡路島…」という形容表現は聞かれなくなった。今日これに代わって日本のテレビや新聞などで使われるのが「東京23区ほどの国土面積を有する…」というフレーズである。シンガポールに対する日本人のパーセプションが変わった証である。日本人にとっての「地方の小さな島」が、今では「ヒト、モノ、カネ、技術を世界中から引き寄せて巨大化するメトロポリタン」へとイメージが変わったのである。単にイメージだけではない。実態そのものもその方向へと変わっていったのである。国の価値は、面積ではなく、持てる資質にこそあるという証左でもあろう。

「偉大な国家。それは国の大きさだけではない。意思と結束、体力と国民の躾、そして指導者の質なのだ。それがあってこそ、歴史上称賛に値する国になれるのだ」[3)]建国の父リー・クアンユーならではの言葉である。どれほどの富を創出できるかが国には問われているのであろう。

翻《ひるがえ》って、日本について言及すると、日本は隣国との間に領土問題を抱えている。領土問題は「所有権」が第一義的な争点である。しかし、所有権の問題と捉えているかぎり、議論は平行線を辿るばかりで何ら解決の糸口は見えてこない。領土問題である以上、オーナーシップを問うのは当然である。ただ、それは他の視点を排除するものではなかろう。思考の起点が「富の創出」にあるとすれば、私たちは今日の領土問題をどう再提起したらよいのだろうか。

5. グローバル国家の次なる姿

20世紀最大の資源は石油であった。21世紀の主要な資源はデータであると言われている。大手IT企業は世界のあらゆるデータを自社の事業に利活用しようと目論む。データを制覇する者が、今世紀の社会の勝者になると見ているからである。情報はすべてデジタルデータとしてクラウド（バーチャル空間）で運用・管理される。テクノロジーの進化を背景に、エストニア政府は国家や国民の情報を電子化し、サイバー政府を立ち上げている。まさに「国境なき国家」の先駆的なモデルである。

テクノロジーで国のあり方を変えようと「スマート国家」を標榜するシンガポール。今起こりつつあるその動きの延長線上に、国境なきグローバル先進国シンガポールの次なる姿が浮かび上がる。地震もなく、通信・電力インフラが整い、情報セキュリティも高いとなれば、データセンターの有力な立地拠点となる。世界中の民族から成る仮想住民が、今世紀最大の資源たるデジタルデータ（仮想通貨など）を駆使し、クラウド上の仮想空間に国家を形成して富の創出と分配を繰り広げる。そんな国の姿を近未来のシンガポールに重ね合わせてみるのも、あながち荒唐無稽な夢想でもないだろう。

6. おわりに

マレー半島最南端に位置し、東京23区ほどの国土面積を有する世界有数の都市国家シンガ

図4 シンガポール、試練を繁栄に変える世界観

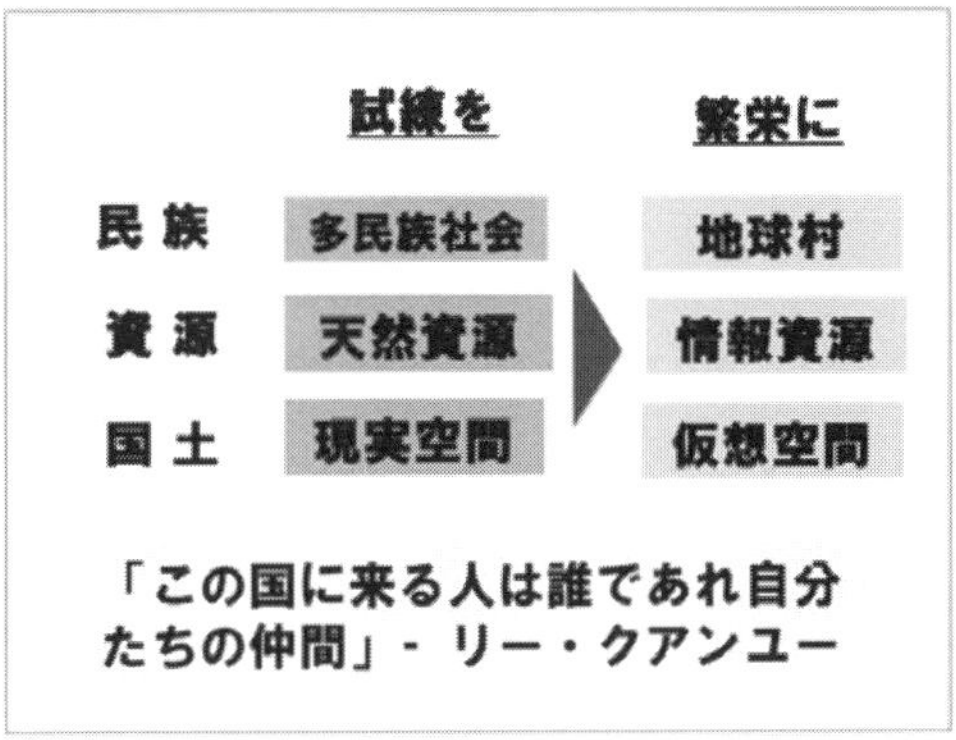

（本稿のまとめとして筆者が作成した）

ポール。建国から50余年、試練を繁栄へと変えてきたこの国は、次なる成長の源泉をデジタル資源やサイバー空間に見出し、新たな発想をもって進化を遂げてゆくであろう(図4)。そして、その進化の底流には建国以来脈々と息づく同国不変の世界観が間違いなく受け継がれてゆくであろう。すなわち、リー・クアンユーの透徹したシンガポーリアニズム、「この国に来る人は誰であれ自分たちの仲間なのだ」。

【引用文献】
(1) 直近(2017年)の人口・経済など主要指標は、2018年外務省公表値による
(2) "Hard Truths to keep Singapore going" Singapore Press Holdings 2011 より、筆者が訳出した。
(3) 同掲書(Singapore Press Holdings, 2011)該当部を筆者が訳出した。

第2章　世界をリードする人材の宝庫シンガポール

―ＥＱとＣＱ、今なぜ重視されるのか―

【小林　猛久】

1．メリトクラシーの国シンガポール

「メリトクラシー（meritocracy）」とは、イギリスの社会学者マイケル・ヤングによって1958年に初めて用いられた言葉で、「能力主義」あるいは「業績主義」と日本語で訳される。そしてヤングによれば、能力や知識があり、努力して業績を残すことができる人々による統治と支配が確立している社会のことを、「メリトクラシー社会」としている[1)]。

シンガポールは、まさしくこのメリトクラシー社会であると言える。独立当初の首相であったリー・クアンユーが最初に取り組んだのは、人種・宗教・言語などが違う人々の集合体であったシンガポールを一つの国民としてまとめることであった。そして、そのためには国民の生活を安定させて政府への不満を無くすとともに、近未来のより豊かな生活への将来像を抱かせることが不可避であり、経済の継続的発展は至上命題であった。同時に、優秀な人材こそシンガポール唯一の資源であると考え、教育による高度な人材育成を重視した。このことは、シンガポール政府が発表した2018年度の国家予算における歳出800億2000万Sドル（前年度比8.3%増）、すなわち日本円で6兆5764億円（2018年7月10日時点での1Sドル＝82円で計算）の内、12.8%（国防、交通に次いで3位）の102億4456万Sドル（約8400億円）が教育に充てられ、尚且つその割合が過去3年間ほぼ同じであること（表1）からも見てとれる。

表1 シンガポールの項目別歳出割合[2)]

年度	1位	2位	3位	4位
2018年度	国防　14.8%	交通 13.7%	教育 12.8%	健康 10.2%
2017年度（補正）	国防　14.2%	教育 12.7%	健康 10.9%	交通 9%
2016年度（補正）	国防　13.8%	教育 12.7%	交通 10.4%	健康 9.8%

2．メリトクラシーを支える教育制度

そこで、シンガポールのメリトクラシー社会を実現している高度な人材育成システムを具体的な観点から把握するために、シンガポール教育省(Ministry of Education）が初等教育（Primary)、中等教育(Secondary)、中等後教育（Post-Secondary）の関係性を明示している図を眺めてみたい。

シンガポールの初等教育は日本の小学校と同じく6歳で入学

図1 シンガポールの教育制度 3)

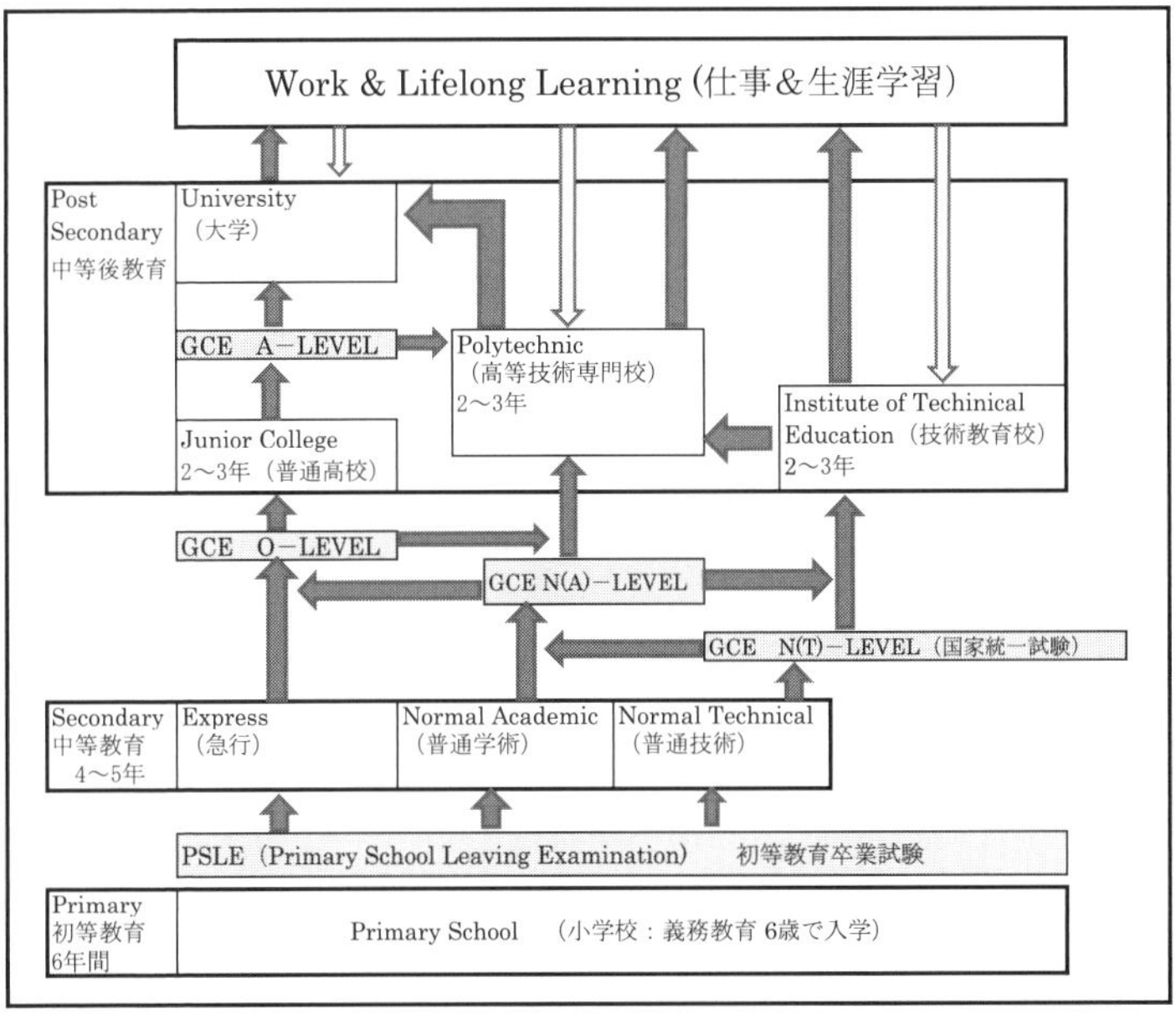

して12歳で卒業する6年制である。この6年時に、その後の進路となる日本の中学校に当たる中等教育（修業年限4年から5年）の学校と所属するコースを決める初等教育卒業試験（PSLE = Primary School Leaving Examination）を受ける。その得点順に上位から、日本の普通高校に当たるジュニアカレッジ（Junior College）への進学を目指す急行（Express）コース、日本の高等専門学校に近い性格を持つ高等技術専門校（Polytechnic）に進学を目指す普通学術（Normal Academic）コース、日本の専門高校に近い性格を持つ技術教育校（Institute of Technical Education）への進学を目指す普通技術（Normal Technical）コースのいずれかに振り分けられる。さらに、中等教育入学後も選抜は続き、その後の努力次第では上位コースに移ることも可能な機会を設け、子どもたちが学習意欲を失わないよう工夫した制度設計となっている。もちろん、成績が悪ければ下位コースに転落することもある。そして、中等教育を終了すると、GCE（Singapore-Cambridge General Certificate of Education）という試験を受験する。急行コースは終了時にGCE-O（Ordinary）レベルの受験が可能となり、合格すればジュニアカレッジに進学することができる。普通学術・普通技術コースは、修了時にGCE-N（Normal）レベルの受験が可能であり、合格すればさらに1年間就学することでGCE-Oレベルの試験を受験できる。

つまり、中等教育終了時のＧＣＥ試験の成績に応じて、ジュニアカレッジ、高等技術専門校、技術教育校などの中等後教育（それぞれの修業年限は、２年から３年）に進学することとなる。そして、ジュニアカレッジ卒業後のＧＣＥ-Ａ（Advanced）レベルに合格すれば大学に進学できるが、不合格の場合は高等技術専門校への進学となる。このように、シンガポールでは大学に進学するためにはいくつものハードルを乗り越えなければならない。しかし、上述した進路以外にも、底辺と言われている技術教育校から高等技術専門校に進学して、高等技術専門校卒業後に大学へ進学する道も用意されているので、各段階での試験の失敗を挽回できるという余地もしっかりと残されていると言える。

シンガポールのように、子どもたちの進学先を学力で振り分ける教育制度としてのトラッキング制度は、通常、学習効率が高いというメリットがある一方で、学力下位の子どもたちの学習意欲を削いだり、成長の芽を摘んだりといった問題点も指摘され、むしろデメリットの方が大きいとも言われている。しかし、学校制度の質、公平性、効率を評価するＯＥＣＤ主催の２０１５年国際学力到達度調査（ＰＩＳＡ）結果を見てみると、シンガポールは他の国々を凌ぎ、科学的リテラシー・読解リテラシー・数学リテラシーの全ての領域で首位を射止めており、その有効性に関しては明らかである。

トラッキング制度とは、一見すると、成績の悪い子どもたちは、早く社会に出て働くことを促そうとする差別的な制度としても見えてしまいがちである。しかし、大学の大衆化が進み高等教育を受ける目的が薄まっている日本の状況と比較すると、大学進学を目指さずに、芸術や工学などの知識や技術を身につけ、プロフェッショナルとして社会に出る準備を整えている点では、ある意味で職業教育の充実さを垣間見る思いである。つまりトラッキング制度を導入することによって、子どもたちの職業観が早い時期から芽生え、将来のキャリア形成へ向けての学習意欲喚起に繋がっているのである。

以上のように、初等教育段階から「競争」という社会原理を導入しながら、互いに切磋琢磨させ合って学力を向上させるシステムによって経済発展を支える高度な人材輩出が可能となっているシンガポールの教育に触れると、人の能力は、その能力を延ばすための教育制度や学習結果の評価方法によって大きく左右されることに気づかされる。

3. EQを重視する社会背景

シンガポールでは、優秀な人材こそが唯一の国家成長のための貴重資源であると考えられ、教育による高度な人材育成を重視してきたことは上述した通りである。しかし、単に高学歴な人々を大量に輩出しようとしてきたわけではない。そして、ある意味でこのパラドックスこそが、シンガポールにおける人材育成を特徴づけているのである。つまり、高学歴でＩＱ（Intelligence Quotient, 知能指数）が高い人材が、必ずしもビジネスで成功するとは限らないという実態を踏まえて、大学進学だけを目指させるのではなく、初等教育卒業試験の結果を踏まえて、早い段階から美術や工芸といった芸術分野やＩＴ関連技術などを身につけて、専門的職業を選択できる制度をハードおよびソフトの両面から充実させているのである。その結果として、組織の中で円滑な対人関係を構築できるＥＱ（Emotional Intelligence Quotient, 感情知能指数）が培われるものと考えられている。

ＥＱとは、アメリカの心理学者であるピーター・サロベイとジョン・メイヤーによって１９９０年に“Emotional intelligence”（Imagination Cognition and Personality 収録）という論文で初めて発表された理論であり、感情を能力として定義する際に使われた用語である。このＥＱは、①感情を識別する能力、②感情を利用する能力、③感情を理解する能力、④感情を調整・管理する能力、という4つの能力で構成される。これらの能力が高いマネージャーは、感情が思考や意思決定、やる気や行動に及ぼす影響の重要性を理解して、円滑な人間関係を構築することができると考えられる。そしてその結果として、組織としての最適な意思決定や業務遂行が可能となるのである。つまり、感情をうまく管理し、利用できることは、ひとつの能力であると考えられている[4)]。

これまで述べきたように、シンガポールでは、大学に進学するためには厳しい学習競争を勝ち抜かなければならない。しかし、単に学力が高い学生を選抜してエリート教育をしているのではなく、大学進学を目的としないコースでは、高度かつ専門的な職業教育や技術教育が実践されており、学生たちの満足度はかなり高いことにも注目したい。

例えば、中等後教育（Post-Secondary）の中で最も入学し易いと言われる技術教育校（Institute of Technical Education）の頭字語であるＩＴＥは、“It' s The End” の略であると揶揄《やゆ》され、入学直後の学生アンケートからは、「学力の低い人が行く場所だ」というイメージが定着していることが見て取れる。しかし、そこでの学びを経験することで、学習意欲を失うどころか、大学や高等技術専門校等の上位コースに挑戦するやる気が生まれたり、たとえそれらへの進学に成功しなくても、就職に役立つ実用性の高い知識や技能を身につけたりすることができることに満足する学生が数多くいる。例えば、在学生たちへのインタビュー調査の結果において、「進学も就職も有利にさせてくれるダブルチャンスを与えてくれる機関」であるという評価や、技術教育校の教師に対して「私がよい成績をとることを期待してくれている」「勉強以外の面で気にかけてくれる」「生き方だけではなく、人生観や人生の価値の確立の仕方まで教えてくれる」といったポジティブなイメージを抱くようになった学生が多くいたことが報告されている[5)]。つまり、試験結果によって振り分けられた環境を真摯に受け止め、周囲の人々と衝突したり、教育制度や環境を否定したりせずに、自身の感情をコントロールしてより良い解決方法を模索することができるEQが培われていると考えられるのである。

　また、２０１６年にSkillsFutureという生涯教育を推進する制度が労働省（Ministry of Manpower）主導で設置された。この制度は、参加者の年齢や就労年数、学歴などに応じて、政府が様々な学習コースを準備し、全国民がより高度な職業人へとステップアップする機会を提供することにより、シンガポールが国家としてさらに発展することを目指す実践的な施策である。そして、政府は、25歳以上の国民に、５００Sドルの補助金（SkillsFuture Credit：専用のWebサイトから学習コースを選んで、代金を支払うことができる電子マネーのようなシステム）を給付することによって、全国民が、無償で技術訓練や資格取得などの学習機会を得る制度を構築した。さらに、40歳以上の研修コースの費用を、最大9割まで支援するほか、10年以上の就労経験を持つ人には、１人当たり1万Sドルを支給するという制度も導入するなど、手厚い支援策を実施している[6)]。

　これらの制度を利用すれば、より高度なスキルや資格を身につけることができたりするので、それまでできなかった業務を担当できたり、新たな職業にスムーズに転じたりすることを実現できるようになるのである。また、その結果、給与の上昇も期待でき、国民の生活満足度向上にも大いに役立つと考えられている。２０１７年9月に、筆者が複数の日系企業や大学などを訪問した時にも、この制度は多くの国民に評判が良く、あらゆる世代の人々が利用しているということを聞いた。

今後は、その生涯学習の成果により資格を取得して、例えば調理師から看護師というように、まったく異なった職業に転職したり、同じ職業でも自分が担当できる仕事の幅を広げたりと、シンガポールの人々の労働環境が急激に進化していくことが予想されている。

このように、社会人になっても教育を受けることで様々な可能性を見出すことができる支援制度を充実させているシンガポールでは、国民は夢や希望を抱いて努力することができる。そうした平等なチャンスを得られ、正当な評価を受けることによって、最終的な結果に不満を持つことがなくなるのだろう。そして、生活に満足している国民たちは、自分だけではなく他人の感情も冷静に判断し、互いの感情をコントロールして円滑な人間関係を構築できる能力であるＥＱを、ますます高めていくと考えられる。

4．ＣＱが培われる社会背景

２０１０年にＣＱ：Developing Cultural Intelligence at Work を著して有名になった

クリストファー（P.CHRISTOPHER EARLE）は、ＣＱ（Cultural Quotient, 文化の知能指数）とは、自分と異なる文化を持つ人々が感じている不安や不満を察して、適切な方法で反応することができる、生まれながらの能力（学習や訓練によって、後天的に向上が可能）と定義している[7)]。

１９６５年8月、国家として国民を一つにまとめるものが何一つない国シンガポールが生まれた。つまり、「シンガポール人」といっても、もともと中国やマレーシア、インド、その他のアジアの地域から移民してきた人々の子孫であり、人種・宗教・文化・言語などが異なっていた。そこで、リー・クアンユー首相（当時）がまず行ったことは、「民族を融和し、多民族が共生できる」制度づくりであった。具体的には、ＨＤＢ（Housing & Development Board：住宅開発庁）を設置して、公団住宅の整備を行った。その際、同じ住宅地域に同じ人種が固まり過ぎないように、ブロックごとに人種構成比率を規定した[8)]。このことにより、同郷によるコミュニティの確立はかなり抑えられ、日常生活において他民族・異文化との交流が生まれた。その結果、他民族・異文化を理解するだけではなくて、彼らが発信する様々な情報を発見する能力、それに対して能動的に対処しようとする気持ちと、適切な動作やふるまいを行える能力であるＣＱが培われるようになったと考えられる。

また、2章で述べた初等教育卒業試験において、言語能力に重点が置かれていることもCQを培うことに役立っている。つまり、子供たちは、学校では英語で勉強して知識やスキルを身につけ、他民族の友達とは英語、同郷のコミュニティでは共通語（例えば中華系であれば北京語）、親や親族とは出身地域の言語（母語）、といったようにコミュニケーションツールとして複数の言語を駆使し、多様な異文化と触れあうことが日常となっており、そうした経験の積み重ねによりCQが培われているのである。

5. グローバル人材として活躍するシンガポール人

シンガポール人のビジネスコミュニケーション能力を調査するために、在シンガポールの日系企業を訪問したとき、シンガポールのビジネスパーソンは、他人が発信する様々な情報を発見する能力、それに対して能動的に対処しようとする気持ちと適切な動作やふるまいを行える能力であるCQが非常に高い、という評判を多数の人から聞いた。

それをよく物語る事例を一つ紹介したい。社内公用語は英語であり、他社との取引も英語で行っている日系企業において、ある中華系のビジネスパーソンが、電話中に突然英語から北京語に切り替えて交渉を始めた。そして、しばらくするとまた別の言語を使用して、まくし立てるように会話をしているので、何事が起ったのかと日本人上司は心配し、電話終了後に、その事情を聴いたところ、次のような理由がわかった。

その社員は、家庭では母語である福建語、コミュニティでは北京語を使い、学校では英語で学習をしており、ビジネス上で英語に困ることはまったくないという複数言語が堪能な人物であった。しかし、そういう彼でも、あるビジネス交渉を英語で行っていたところ、どうしても相手との合意に達することができずにいた。そして、英語のアクセントから、どうやら相手も中華系であることがわかったので、北京語に変えて交渉をすることを相手に提案した。その後、北京語の使い方から、相手が自分と同じ福建省の出身ではないかと思ったため、母語である福建語に変えたところ、案の定、同郷出身ということが判明した。それで、それまで難航していた交渉がスムーズに運んだということである。互いに母語を使うことで、双方が正確に情報をやり取りできたばかりではなく、同郷だからこそ、何にこだわるか、どのように合意を取り付けるべきかという考え方を共有できたことが、解決への近道であったそうだ。まさに、言語能力、冷静に事態に対処するＥＱと文化的交渉能力であるＣＱのそれぞれが高い人物だからこそ、成し遂げられたことである。

こうした事例から、シンガポール国民は次の３つの素養を兼ね備えているといえそうである。

（1）トラッキング制度により培われた高度な言語能力や教養。
（2）やる気を失わせない教育制度や成果に基づく公平な職業マッチングにより支えられた職業観や人間観により培われたＥＱ。
（3）多民族コミュニティでの生活によって培われた異文化理解能力としてのＣＱ。

こうした能力があるからがゆえに、これまでのシンガポールの急激な経済発展やグローバル化は支えられてきたのであろう。

6．結　語

シンガポールでは、月曜日の上海・香港行きと、金曜日にそこから帰国するフライトが常に満席であると聞く。その理由をシンガポールの友人に尋ねたところ、月曜日から金曜日に上海や香港で働いて、週末にはシンガポールの自宅で過ごすという生活スタイルが広がっているとのことだった。これは、英語・北京語が堪能なシンガポールの人々が、中国語経済圏で活躍している実態を如実に示している。高いＣＱを持つマネージャーは、国家、職業、組織、地域枠を超えて、文化的調整機能を発揮することができる。そして、何が起こったのか、なぜ起きたのかを素早く理解し、自信をもって人々と交流して、正確な行動をすることができる。だからこそ、シンガポールのビジネスパーソンが海外で活躍しているのであろう。そして、その実態を観察してみると、言語を中心とした高度な教養を基盤として、挫折した経験やそこから復活するタフさに裏付けられた感情をコントロールして前向きな行動を行えるＥＱ、そして異文化への寛容さを持つとともに異文化を持つ人々と共生するための対応ができるＣＱを巧みに操っていることがわかる。

日本は、シンガポールと同じく資源の少ない島国であり、歴史的に見ても人材が国を支えてきた。開国以来、海外の先進事例に学び、軽工業、商業、重工業、化学工業など次々と発展させ、第２次世界大戦後には、高度経済成長を達成し、先進国の仲間入りをしてきたわけであるが、そのために行ってきた政府の取り組みや国民１人１人の努力は、世界が注目したほどである。今あらためて、高度な人材は国の重要な資源であるという原点に立ち返り、人材育成の観点からの教育制度の改革に加えＥＱ、ＣＱを兼ね備えた若者たちの巣立ちを期待したいものである。

【注】

（1）Michael, Young,1985, *The Rise of the Meritocracy*, Thames and Hudson.

（2）本表は、Singapore Government "ANALYSIS OF REVENUE AND EXPENDITURE Financial Year 2017, 2018" を参照して、筆者が作成し直した。

（3）Ministry of Education, Singapore　Web ページ内のデータを元に、筆者が作成し直した。

（4）デイビット・R・カルーソ、ピーター・サロベイ／渡辺徹（監訳）『ＥＱマネージャー』、東洋経済新報社、２００４年。

（5）シム・チャン・キャット『シンガポールの教育とメリトクラシーに関する比較社会学的研究』、東洋館出版社、2009 年 ,pp.94-pp.117。

（6）sklsfuture Web ページ（http://www.skillsfuture.sg/AboutSkillsFuture）

（7）P.CHRISTOPHER EARLE 他 , 2010, CQ : *Developing Cultural Intelligence at Work*, Stanford University Press.

なお、CQ は、Cultural Quotient の略であるが、通常　Cultural Intelligence（カルチュラル　インテリジェンス）と表記している。この理由は、IQ（Intelligence Quotient　知能指数）、にちなんだ、ＥＱ（Emotional Intelligence Quotient　心の知能指数）をさらに発展させた用語として造られたからとされている。

（8）峯山政宏『なぜ?シンガポールは成功し続けることができるのか』、彩図社、２０１８年、p.193。

第3章　フィンランドのボーングローバル企業はなぜ強いか
―イノベーション大国を支える人材育成教育―

【山下　巖】

1. はじめに

2018年3月、東京ビッグサイトを会場に、SLUSH Tokyoという起業イベントが開催され、6000人を超す若き起業家たちや投資家たちが世界各国から集まった。このSLUSHは、いわゆる「スタートアップ」と呼ばれる、短期間に飛躍的成長を遂げ、年間に数十億円もの富を生み出し得る可能性を秘めた企業を発掘し、バックアップしてゆくイベントである。スタートアップとしてこのイベントに参加する企業の多くは、小規模ながらも斬新な発想で世の中に新たな付加価値を生み出す明確な手段を有している。会場の様子がテレビ中継されていたが、野外フェス並みの演出でアップテンポの音楽が流れる中、颯爽と現れた若きキーノートスピーカーが熱弁を振るい、会場からは大きな歓声が沸き起こっていた。自分のブースを訪問した投資家を前に、パワーポイントのスクリーンを背にして自らの企画説明に熱弁を振るう若者の姿がテレビ画面にアップで写し出され、会場全体が活気に溢れている様子がうかがえた。驚くべきは、聞こえてくる言語が英語のみであった点である。

このSLUSHは、フィンランドのヘルシンキで起業家たちの交流の場として始まった。現在24歳の現役女子学生がCEOを務めるNPO法人である。開催当初の2008年は200人ほどの起業家による単なる内輪の集まりに過ぎなかったが、年々爆発的に参加者を増やし、2014年には78カ国から1300社の企業と14000人の若き起業家、投資家、エグゼクティブ、ジャーナリストなどが集まるビッグ・イベントへと成長していった。そして2015年、SLUSH ASIAとして、ついには東京にも上陸し、以後毎年5000人超の若者たちを集めるイベントとなっている。

こうした動きを背景に、フィンランドではテクノロジー系スタートアップ企業が続々と誕生している。ベンチャー企業の投資情報に精通するダウジョーンズ・ベンチャーソース（Dow Jones Venture Source）の四半期報告によると、今やフィンランドは、英国・フランスに次ぐ欧州第3位の株式投資市場であり、ヨーロッパのベンチャーキャピタル系企業による総投資額の12％を占めている言われるほどである。人口わずか550万人のフィンランドが、「北欧のシリコンバレー」とまで呼ばれるようなイノベーション大国へと押し上げられたのは、まさにこのSLUSHの功績に他ならない。現在の運営拠点となっているアールト大学（Aalto University）内にある起業家たちの交流場となっている「スタートアップ・サウナ」（Startup Sauna）では、世界市場へと羽ばたこうとする若手起業家たちを支援する様々な画期的プロジェクトが日々立ち上がったりしている。かつては大企業志向が強かったと言われるフィンランドであるが、なぜベンチャー志向の国へと変貌したのだろうか。本稿では、その理由を探ってゆくことにする。

2．ボーングローバルベンチャーとは何か

フィンランドに対しては、ともすると「教育立国」というイメージを抱く読者は多いであろうが、同時に「イノベーション大国」というイメージも定着しつつあるのを忘れては

ならない。世界経済フォーラム（WEF）、いわゆるダボス会議が2018年3月に発表した最新国際競争力ランキングでは、その総合評価において、往時からの順位を下げて第9位に甘んじているものの、そのイノベーション部門では第4位と、相変わらずの健闘ぶりを示している。また、同会議が発表するGlobal 100 Index（世界で最も持続可能性のある100企業）の上位10社の中に、フィンランドのネステ（Neste）というエネルギー会社とアウトテック（Outotec）という建設会社がランクインしている。ちなみに我が国では、ホンダ（HONDA）が21位にランクされているのが最高位である。国家経済の規模からすると、我が国と比較にならないほどの小国フィンランドが、なぜ2つの会社をも10位以内に送り込むことができたのであろうか。これら2社は、ともに石油精製と鉱石プロセス技術の会社であり、一見すると、いわゆるIT関連企業でもなくグローバルなニッチを埋めようとする企業でもない。しかし、両社ともに経営の多角化をいち早く推進するとともに、そのマーケットを世界規模に拡大し、Nesteはバイオディーゼルオイルの開発を、Outotecは新たに開発した濾過装置による代替エネルギー源活用を手掛け、それぞれにIT関連のイノベーションを進めてきた経緯がある。どうやら、これらが大きく評価されてのランクインであったようである。

フィンランドのグローバル企業は、しばしば「ボーングローバル企業」、すなわち「生まれながらにしてグローバルな企業」と呼ばれる。それは、一般的には、設立と同時に国内市場ではなく、グローバル市場で商品・サービスを販売・提供するビジョンを持ち、世界を相手にシェア拡大を目指す企業を意味すると言われている。フィンランドは、国内マーケットだけでは利潤追求が期待できず、ビジネスを成功させるためには、より大きな市場に打って出る必要であり、EU諸国やその他の諸外国を新たなマーケットして活路を見出し始めたのである。

3．ボーングローバルベンチャーを生み出す仕組み

ヘルシンキに拠点を置くベンチャーの数は、2011年の約150社から2015年には1000社を突破したと言われる。フィンランドでは、若者の起業支援をいくつかの公的機関が行っている。その代表的なものがテケス（Tekes）と呼ばれるフィンランド科学技術庁である。Tekesは、1985年に創設されたフィンランドの経済産業省の下部組織で、その主な使命は、企業や研究機関のR＆D（Research & Development）、すなわち調査開発プロジェクトに資金を提供することである。とくにスタートアップのような革新的なプロジェクトを支援し、サービス部門を含めた産業の競争力を技術によって強化する

ことを旨としている。一般から応募のあったR&Dプロジェクトに対して、ビジネスと技術の専門スタッフによる厳正な審査が行われ、それがどのようなイノベーションを生み出す可能性があるのか、どのくらい先に商業化できるのか、どのくらいの持続可能性があるのかといった視点で採否の判断がなされる。首尾よく採択されれば、補助金やローンという形で資金供与される仕組みとなっている(矢田・矢田、2006)。現在は、年間5億5500万ユーロ(約713億円)の予算をもとに、国内の革新的な研究開発やビジネスへの助成を行い、フィンランドの各種法人やフィンランドに拠点を置くグローバル企業に対してサービスを提供している。支援規模も先述のSLUSHの成長とともに拡大し、2012年にはソーシャルゲーム開発企業であるスーパーセル(Supercell)と協働し、スタートアップ企業に特化した助成規模を1億3500万ユーロ(約173・5億円)に拡大した。

またTekesのほかにも、Finpro(フィンプロ:フィンランド大使館商務部)やSitra(シトラ:国立研究開発基金)と呼ばれるベンチャー支援機関などがある。Finproは特に起業家の海外進出を支援し、Sitraは、特に起業時の資金支援に力を注いでいる。いずれの組織もその支援方針は、民間の活力を最大限に引き出し、厳格な選定を行い、事前に十分練られた戦略をもとに、有望なスタートアップ企業の成長とグローバル化を加速させようとするものである。

4．イノベーション大国を支える教育

これまで述べてきたように、フィンランドでは国を挙げて、いわばトップダウン方式で若者による起業への公的資金援助を行う体制が整備されてきている。それは急増してきたベンチャー企業の数を見ても一目瞭然である。しかし、いくら優れた支援体制を作り上げたとしても、それに応じられるだけの画期的なアイディアを提供できる人材がいなくては、ベンチャー大国は成立しない。そこで、今度はボトムアップ的な視点からフィンランドの教育制度と、その人材育成システムに触れてみたい。

フィンランドでは、高等教育機関である大学がＩＴベンチャー企業の創業に大きな役割を果たしている。首都ヘルシンキから列車で約5時間半ほど北上したボスニア湾の奥に面するオウル市（Oulu）は、政府が推進する地域ＩＴクラスター事業戦略の拠点であり、オウル大学とオウル応用科学大学を核に８００以上のハイテク企業が集結し、「北欧のシリコンバレー」と呼ばれたりしている。またヘルシンキ郊外のエスポー（Espoo）市のオタニエミ（Otaniemi）地区でも、アールト大学を中心にハイテク企業のクラスターが形

成されている。これらの大学は、企業だけでなくインキュベータやサイエンスパークなど、関連機関との緊密なネットワークも構築しており、これが大学発のベンチャー企業を多数生み出す背景となっている。

しかし、大学レベルで斬新なアイディアを引き出すことを可能とするには、初等教育段階からの継続的な教育蓄積が必要であることは言うまでもない。そう考えてみると、フィンランドの初等教育には、いったいどの様な形で起業精神の萌芽に結び付く特質が垣間見られるのか、興味がつきない。

4.1 フィンランドの教育制度

そこで、まずはフィンランドの教育制度を俯瞰してみたい。フィンランドでは、わが国と同様、7歳から義務教育が始まり、生徒たちはほぼ同じ学年進行で9年間就学し、高等学校や職業訓練学校を経て大学へと繋がるシステムとなっている。義務教育は、2006年以前は小学校と中学校それぞれに分かれて実施されていたが、2006年以降、小中一貫の総合学校（comprehensive school）教育へと移行した。

義務教育終了後はほとんどの生徒たちが中等教育に進む。中等教育は高等学校と職業訓練学校に分かれており、約60%が前者に、約40%が後者に進む。いずれの進路を選択しても高等教育への道は開かれており、生徒は自分に合った進路を選択することが多い。

　高等教育は大学と応用科学大学（旧ポリテクニク）において行われる。大学では学術研究に力点が置かれ、修士取得が基本単位となっている。これに対し、応用科学大学では職業に直結した実践的・学際的領域を中心に研究が進められる。学士取得が主目標であるが、さらに研究を継続する場合は大学院に進むこともできる。大学は全国に14校あり、約16万3千人の学生が在籍し、応用科学大学は24校で約13万人が学んでいる（2017年現在）。

図1 フィンランドの教育制度

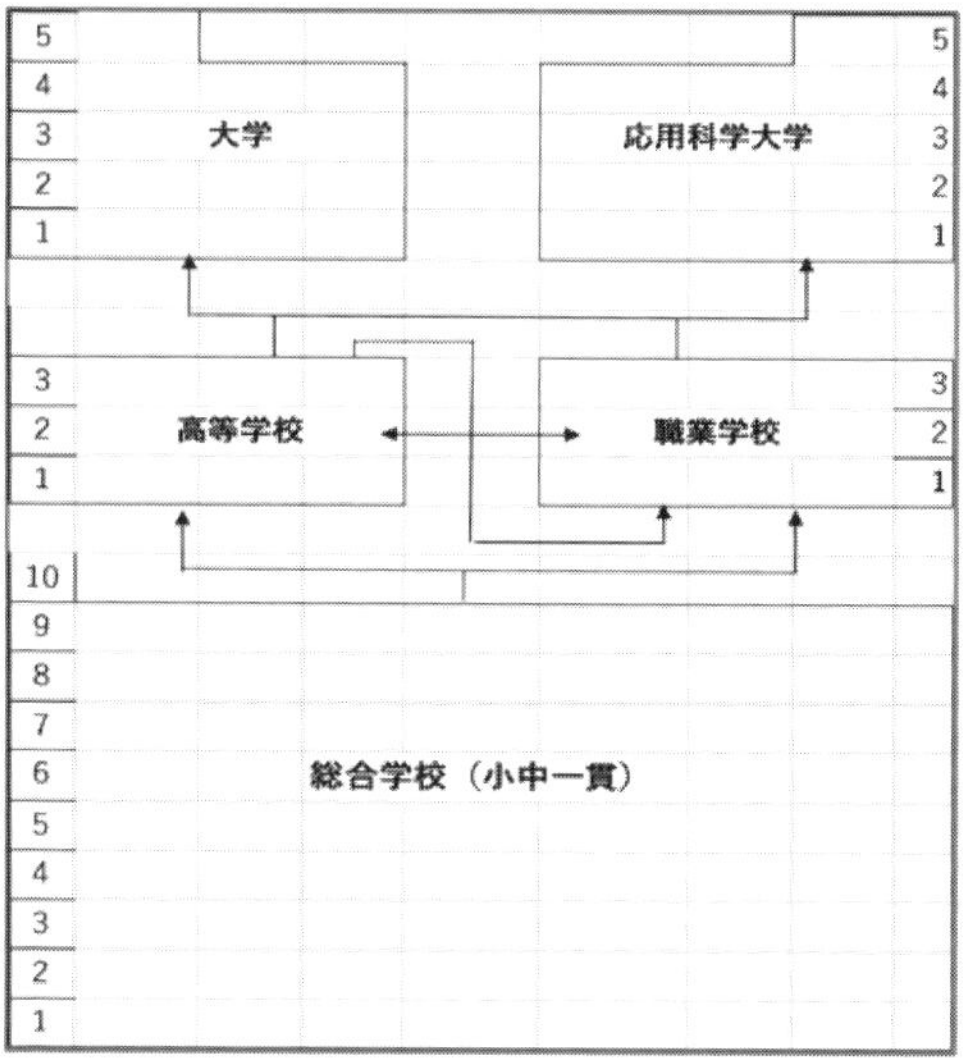

4.2　教育政策の一大転換

１９８０年代までフィンランドの主要産業は、紙やパルプを生産する森林業を中心に順調な経済成長を遂げていた。しかし、１９９０年の旧ソ連の崩壊やバブル経済の失速とともに、その貿易輸出国を失ったフィンランドは、大きな経済危機に見舞われ、失業率も20%を超す事態に陥った。この危機を乗り切るため、フィンランド政府はそれまでのモノづくり主体の産業から知識集約型のＩＴ分野への研究開発に集中投資を行い、見事に経済復興を遂げたのである。つまり、国内市場だけでなく全世界を視野に入れ、英語を武器に、ソフトウェア開発や情報、デザイン、通信（インターネット）などの分野において戦略的に付加価値を生み出した。これこそが、フィンランド経済の競争力を支える原点となっているのである。こうした大転換は、産業構造の変革だけでなく、教育政策の理念にも当然ながら大きな変革をもたらすこととなった。

大量生産の時代を支える人材を育成するには、個性や長所を伸ばすよりも欠点の少ない人材を育てることに力点が置かれがちである。自分しか思いつかない個性的なアイディアや創造性を、時間をかけてじっくりと育んでゆくよりも、既存の知識や公式を短期間に丸暗記させる注入型の手法が優先される。正解もない問題を時間をかけてあれこれと考え、自分なりの答えを見つけ出す速効性のない手法よりは、いかに手早く効率的に想定された解答へと正確に辿り着けるかが重視される。しかし、現代のような知識集約型社会において、いわゆる「知的財産」を創出してゆくことのできる人材には、創造性や柔軟な発想力が求められるのは言うまでもない。

１９９４年に、28歳の若さで教育大臣となったオッリペッカ・ヘイノネン（Olli-Pekka Heinonen：現在は内閣府長官）は、問題解決能力、自律学習力、創造力をフィンランドの未来型教育の３本柱に掲げ、どんな状況にでも対応でき、将来のキャリアチェンジも可能にする人材育成を目指した。その結果、21世紀に入ると、フィンランドは、ＰＩＳＡ（ＯＥＣＤ主催による国際学習到達度調査）において、世界を驚かせるほどの教育成果を挙げたのである。それまで見向きもされなかったフィンランドが、全世界から衆目を集めるようになったことは記憶に新しい。

4.3　ヴァーサ・モデルの出現と起業家精神の段階的育成

ヘイノネン氏による教育改革は、同時に教師にも厳しい改革を強いることとなった。政府は検定教科書制度を廃止し、新たな学習指導要領の導入により学習到達度目標のみを設定し、具体的な教育手法や授業内容は地方教育委員会、学校及び個々の教師に委ねられるようになったのである。この一見すると自由度が高まったような大転換ではあるが、教師は従来の指導要領に沿ったいわゆる定食メニューの如き授業から脱する事を余儀なくされ、授業内容とそれに見合った新たな手法を自ら考案・実施するべく、大いなる独創性が求められるようになった。筆者は、２００６年に現地の小学校を訪問し、英語教員を中心にインタビューを実施したが、いずれの教師もこうした厳しい変化を切り抜けてきただけに、自信に溢れる表情で「それまでになかった可能性を見出した」と回答をしてくれたのが印象であった。

こうしたチャレンジ精神に満ちた教師の創意工夫の中には、起業家精神の育成に相通ずるものがあり、それが具体的に形となって表れたのがヴァーサ・モデル（Vaasa Model）である。ヴァーサはフィンランド西部のボスニア湾入り口に面した人口約６６０００人の中核都市である。この地に因んで名づけられたヴァーサ・モデルは、子どもが教師から一方的に教えを受けるのではなく何事にも主体的に取り組み、独自の判断を下すことができることを目指した、言わば「教える教育から学ぶ教育」への転換を特徴とする。しかし、「起業家精神の育成」といった特定の科目が明白にカリキュラム上に設定されたわけではなく、各科目の中にその特性を活かした起業家精神の育成につながるような考え方や教育内容が暗示的に盛り込まれている。

そもそも起業家精神を育む資質とはいったいどのようなものであろうか。弓野（2005）はPeltonen（1986）に言及し、まず起業家精神は、外的起業家精神と内的起業家精神に大別され、外的起業家精神とは「独自のビジネスを考案しスタートさせ経営すること」であり、内的起業家精神とは「企業家的に仕事をする態度や資質に関する精神」を意味し、外的起業家精神を根底から支えるものであるとしている。とくに後者は将来起業するしないに拘わらず、初等教育の段階から重要な資質として教育の中で尊重されている。具体的に言えば、失敗を恐れず何事にも果敢に挑戦しようとする姿勢、リスクを負う勇気とリスク管理能力、創造力、情報収集・分析力、豊かな発想力やその発想を形にしてゆく企画力、協調性、発表力・発信力等から構成される。

さらに、こういった外的および内的起業家精神の育成は、就学前から高校3年生時まで発達段階に相応しい形で、きわめて組織的・段階的に実施されてゆく。特に、就学前から小学校低学年は内的起業家精神の開発期に充てられており、自己表現力を高める創作活動や発表、清掃や植物の世話・職場訪問等の実体験から学ぶ実践、イベント企画への参加などが、各教科学習と時に一体化され、時に有機的な結びつきを持って実施される。日本の中学校に相当する義務教育後半になってくると、次第に外的起業家精神育成の要素が導入され、地元経済や中小企業の重要性に着目し、職場でのインターンシップを経験したり、実際に起業家からの講演も受けたりする。高校生や職業専門学校となると、基礎教育科目の一つとして明確に位置づけられ、就学前から継続的に培ってきた内的起業家精神を活用し、企業について実践的な学びを得る機会が与えられる。

フィンランドの授業を参観していると、小学校レベルでも高校大学レベルでも、いわゆるアクティブラーニングを活用したディスカッションや発表の形態で行われていることが多い。その際、非常に興味深い点は、グループアクティビティとして生徒たちが議論の末に荒唐無稽な結論を引き出したとしても、教師がそれを諫めたり、すぐに正解を教えて生徒の結論を修正したりする風景を目にしないことである。授業や学校生活に対する教師の姿勢は毅然としており、生徒が廊下の真ん中を歩いていると脇を歩くよう指導する場面などはよく見かけられるし、授業中にある生徒が理解不足と感じるや否や、補助教員がすぐに隣の教室に当該生徒を連れ出し、補講を行って戻ってくる。しかし、生徒が自分たちなりに導き出した解答や結論は、教師たちもしっかりと尊重する姿勢がみ見て取れる。そこには、子どもたちが自己効力感（self-efficacy）を持てるような配慮が巧みなまでになされている。自己効力感を高く保てる人は、活動的でポジティブな発想ができるため、良い結果に到達しやすく、また高いモチベーションの維持も可能と考えられている。こういった自己効力感を就学前から持たせることにより、子どもたちは高い自尊心（self-esteem）

を持ち、粘り強く諦めない姿勢で勉学に励むようになる。そして、常に問題の芽を見つけ出し、解決する方法を自らが考え出す訓練を継続的に行えるようになるのである。

4.4 「なぜ」を追求する学習

フィンランドの総合学校の教室では、〝Miksi〟（なぜ）の追求に重点を置いた教育方針が徹底していることを、浅間（2016）は指摘している。筆者は、2009年にヘルシンキからバスで1時間ほど北西に行ったヴィヒティ市（Vihti）にあるクオッパヌンミ総合学校（Kuoppanummen Koulukeskus）で、『カチカチ山』を英語で読み聞かせをしてみ

表1 フィンランドにおける発達段階別の起業家教育

発育段階別の起業家教育 ～フィンランド～

	就学前~小学校低学年	小学校高学年	中学生	高校~
目的	子どもの内的起業家精神の育成。創造力が豊かで、目的意識を持ち、責任感があり、忍耐強く、自信を持ち、協調性のある子どもを育成することにある。	内的起業家精神の育成に焦点をあて、人格形成を強化することで、自ら学ぶことを学習する	生徒に個人の経済的活動の重要性を理解させることに重点をおいている	社会人、起業人として必要なスキルを磨く
実践例	自己表現力をつけるような創作活動、実体験から学ぶための実践（清掃や植物の世話、職場訪問）や学校イベントの企画への生徒の参加。	体験学習や調査学習をすべての教科で実践し、職場訪問やイベントの企画運営を通じて自ら体験し、観察し、考えるようになることを目指す。	各教科をビジネスに関連づけて学習し、職場でのインターンシップを経験する。経済の仕組み、起業家、フィンランドの経済状況やヴァーサ地域の中小企業の重要性などについて学ぶ。	基礎教育科目のひとつとして学習する。経済や起業の知識と併せて学習し、多角的な知識を得るとともに、グループ作業や職業教育を通じて社会人・起業人として必要なスキルを磨く

リクルートワークス研究所HPより抜粋

た。相手は日本の小学校の4年生に相当する生徒たちであった。時々、笑いながら話を聴いてくれたが、終了後質問の時間となると、予想どおりMiksiの集中砲火を浴びることとなった。「なぜおばあさんはタヌキの縄を解いたのか」、「なぜウサギが出てくるのか」、「なぜウサギが唐辛子を持っていたのか」、「どこで手に入れたのか」、「沈むとわかっているのにタヌキはなぜ泥の船に乗ったのか」、「タヌキは泳げるはずなのになぜ湖に沈んだのか」、「タヌキとウサギが登場したのは何かわけがあるのか」などなど。

授業後にマルック・トルヴァネン（Markku Tolvanen）校長と話す機会を得た。日本では、質疑応答はたいてい知識の有無や事実の確認になってしまうことが多く、その場のコンテキストとは離れた内容の質問もされることが時にあるし、また子どもの場合だけではなく、一般社会人の社交場面や研究者の学会場面でも、余りにも頻繁に「なぜ」と聞くと理屈っぽく思われてしまいがちだがフィンランドではどうなのかと、敢えて疑問を投げかけてみた。するとトルヴァネン校長は、フィンランドの教育に特徴的なのは、子どもたちの発言に対して教師が徹底的にMiksiと尋ねることであると答えた。またこれは家庭でも同じで、親と一緒に鑑賞した映画でも、「なぜあの場面が気に入っているのか」と、やはり親は子どもになぜを問いかけるとのことであった。校長によると、読書から得た知識を色々な観点から様々な関連情報と結びつけた上で、思考させてゆくことが大切だと考えているとのことであった。また、なぜ自分がそう答えたのか、あらためて冷静に考え自己分析をすることが重要である、とも答えてくれた。当たり前のことに対して敢えて疑問の眼差しを投げかけてみることにより、新たな発想が生まれ出ることはよくあることである。フィンランドでは、子どもといえども、発達段階の初期か、社会に対して自発的に関わりを持つことが求められ、常に問題を見つけ出し、解決する方策を考える訓練が繰り返し継続的に行われているようである。こういった環境下で育った子どもたちであるからこそ、社会に対して自発的に関わりを持とうとし、常に独創的で既存の枠を超えた発想を形に変え、社会にとって役に立つ価値を創造してゆくのであろう。まさにMiksiは、序章と言えそうである。

5. 日本でもグローバルベンチャー教育は可能か（結びに代えて）

日本は現在約1億3千万の人口を抱え、そういった意味では、あらゆる領域での相応の国内マーケットが存在している。それゆえ、敢えてリスクを冒して海外に進出するよりも、勝手知ったる人脈と文化、商習慣の中でビジネスを展開してゆく方が賢明であるという世論の判断がこれまで先に立ちやすかった。自ずと教育理念もその方向に符合し、現状のままで力を発揮できる欠点の少ない人材育成を目指すこととなり、フィンランドのようなベンチャーを育成する教育的ダイナミズムは生まれにくかった。「平成25年度創業・起業支援事業（起業家精神と成長ベンチャーに関する国際調査）『起業家精神に関する調査』報告書」（一般財団法人ベンチャーエンタープライズセンター）では、日本人の起業に対する意識は最低水準であると報告されている。

こうした現状を憂えてか、文部科学省は小学校低学年からの英語教育を導入し、全国の高等学校から約３３０校をSuper Global Highschool（SGH）やSuper Science Highschool（SSH）に指定し、グローバル・リーダーとして活躍が期待できる人材育成や、創造性、独創性を高める指導方法、教材の開発等への取組を実施してきている。しかし、この施策が必ずしも期待した通りの結果に繋がるかは見えにくい現象も起きつつある。というのも、２０１８年4月4日付のPresident onlineによると、２０１８年度入試において、当該高校の卒業生で東京大学に合格した者のうち17名が海外の名門大学に同時合格し、そして全員が海外の大学への入学を選んでいるからである。世界各国から学生が集まる多国籍環境下での少人数ディスカッションを中心とした授業や、充実したリベラルアーツ教育を受けられることが大きな魅力となっているようである。目下、SGHやSSHでは、独自の研究テーマに沿った論文作成やプレゼンテーションに力点を置いた指導がなされている。加えて、国際的評価基準に基づく英語外部検定試験（TOEFLやIELTS等）を大学入試に活用できる動きもある。こうした状況を踏まえると、ベンチャーマインドの萌芽を有する日本の優秀な高校生は、もはや国内の大学への進学を志するよりも、むしろ海外の大学へと出てゆく方が自らのキャリアアップに資しやすいと捉えている気配が感じられる。そうなると、当面のところにおいて日本のグローバルベンチャーを支えてゆく人材は海外の大学出身者、すなわちハイブリッド型グローバル人材の中から出てくる可能性が高い。多様なグローバル人材へのキャリアパスが用意されてしかるべきであろうが、できれば真の意味での国際競争力担保の意味からも、サラブレッド型のグローバル人材が育成できる国内大学自前のグローバル人材育成教育システムが速やかに整備・構築されてゆくのを待ちたいものである。


【引用文献】

浅間正通「デジタル時代との対話」『デジタル時代のクオリティライフ―新たに見つめるアナログ力』浅間正通編著、遊行社、pp.16-43、２０１６年。

川崎一彦「福祉と経済を両立させる地業時代の教育システム」庄井・中嶋（共編著）、『フィンランドの学ぶ教育と学力』、明石書店、pp.172-200、２００５年。

矢田龍生、矢田昌典『ザ・フィンランド・システム』、産業能率大学出版部、２００６年。

弓野憲一「フィンランドの起業家教育・創造性教育」『世界の創造性教育』、ナカニシヤ出版、pp.149-162、２００５年。

Peltonen, M. *Yrittäjyys*, Otava, 1986.（Yrittäjyys は「起業家精神」（Entrepreneurship）を意味する）

第4章　多価値を認めながら互いに支え合う温かなコミュニティー

―クチン市に学ぶ日本の多文化化への示唆―

【安富　勇希】

1. 序

マレーシアにクチンという都市がある。首都クアラルンプールが位置する半島の西マレーシアではなく、東マレーシアを意味するボルネオ島北西部にある人口約33万人の中都市である。近年はボルネオ島の豊かな自然が注目され、熱帯雨林のジャングルに住むオランウータンを一目見ようと世界中から観光客が集まっている。そこに位置するクチン市は、自然だけでなく、文化的にも非常に興味深い場所である。多民族と多宗教が織りなす社会は世界にまれにみる多文化共生を確立しており、他の地域では見られていない。ここでは日本への示唆を探ってみたいと思う。

2. マレーシアの調和都市クチン

2.1 クチン市の多様性

クチン市を州都とするサラワク州には、分類の仕方にもよるが30を超える民族が存在している。主な民族としては、マレー人、中華系の華人、インド人の他に、かつて首狩族と恐れられたイバン族や、山奥に住むビダユー族といったボルネオ島に元々住んでいた先住民族たちがいる。民族が異なれば、宗教も異なる。マレー人はマレーシアの国教でもあるイスラム教、華人は道教・仏教・キリスト教などを、インド人はヒンドゥー教などを信仰している。先住民族にも、独自の自然崇拝や、イスラム教、キリスト教を信仰する者もいる。

こうした文化的な多様性を内包したサラワク州・クチン市だが、この地域では世界でも非常に珍しい現象が起きている。それは人々の異なる宗教に対する尊重と共生である。クチン市の人々の宗教に対する受容のあり方は深く、人々の日常生活の中に自然に根付いている。マレーシアの非営利団体ヤヤサン・ワン・マレーシア（Yayasan 1Malaysia）[1)]は、クチン市の多文化共生に関する調査を行い、これを受けてクチン市は2015年8月にマレーシアで初めて「City of Unity（調和都市）」であることを宣言した。

2.2 宗教間で織りなされる微細な配慮

その「調和都市」を象徴する一つの現象として、サラワク州では一つの地域に複数の異なる宗教的建築物が建つことも珍しくはない。とあるイスラム教のモスクとキリスト教の教会が隣り合って建ち、それぞれの駐車場をお互いの礼拝時には融通し合うという。例えば、金曜日（イスラム教徒にとっての聖日）はイスラム教徒が、日曜日はキリスト教徒が、隣の敷地の駐車場を利用できるといった具合である。ちなみに土曜日は両宗教共に礼拝はない。そしてお互いの駐車場がより便利に使えるように改築中だという。こうした事象がサラワク州のいたるところで起きているのだ。

多宗教国家であるマレーシアでは、国全体として宗教上の主要な祝事を公式な祝日としている。例えば、中華系の旧正月、キリスト教のクリスマス、ヒンドゥー教の光のお祭りであるディパバリ、イスラム教の断食（ラマダン）明けの祭りのハリラヤ・プアサなどである。サラワク州では、これに加え、ガワイ・ダヤクとよばれる先住民族の収穫祭も公式な祝日となっている。そして興味深いことに、こうした各宗教の祝日を、宗教に関係なく、異教徒と一緒にお祝いをするのがサラワク州の習慣である。中華系の旧正月のパレードに参加して獅子舞を踊っているのは先住民族のビダユー族の若者であったり、イスラムのラマダン明けのお祝いがキリスト教の教会で催され、そこにムスリムが参列したり、ムスリムがクリスマス・ツリーの飾りつけを一緒に楽しんだりする。人々の心は柔軟で、お互いの宗教・習慣を尊重しながら、祝い事を共に楽しんでいる。

祝い事に欠かせないものといえば食事である。多民族社会を背景に、様々な食材やスパイスを用いた料理が振る舞われるが、そこには宗教的な配慮が不可欠だ。中でも豚肉と飲酒が禁じられているイスラム教徒、牛肉を食さないヒンドゥー教徒が代表的だが、先住民族にも村や先祖からの慣わしで食べることが禁じられた食材が存在する。またイスラム教徒には食材だけでなく、肉の加工手順や、調理に使用する器具などにも配慮が必要である。特に豚肉を好む華人にとって、こうした理解は重要といえるだろう。こうした食文化を背景に、全ての民族が食することができるハラールの鶏肉や海老を用いた料理や、ラクサ、コロミーとよばれる麺料理がクチンではローカルフードとして人気を得ている。クチンのカフェではどの宗教徒でも食事が取れるようにメニューに配慮がされている。また、ラマダンの時期は、職場でも学校でも食事の提供は控えられ、ムスリムの友人の前では誰もが飲食をできるだけ控える。こうした理解と配慮は彼らにとっては常識である。

クチンでは、同じ民族同士が固まってコミュニティーを生成するというよりも、垣根なく他の民族や異教徒と交流し、それが彼らの生活の一部となっている。毎日早朝にモスクから大音量で響くアザーン[2]の放送でさえも、他の宗教徒にとっては慣れてしまえば目覚ましベルの代わりだ、という具合である。

他民族も交えて祝い合う旧正月のパレード

多民族が集い合うフードコート

これまで宗教といえば、価値観や信条の違いを理由として多くの争いの種となり、歴史的に数々の宗教戦争や宗教テロ事件が世界中で起こってきた。異なる宗教は、水と油のように、決して相容れないものというイメージがつきまとう。実際、同じマレーシアとはいえ、首都のクアラルンプールでは、ここまでの多文化の共生は実現していない。同じ民族や信仰者同士でグループやコミュニティーを形成するのが通常であり、民族間・宗教間の差別も度々問題となっている。なぜ、サラワク州クチン市においては、ここまで異なる文化や宗教が平穏に交じり合っているのだろうか。

3．寛容な心を育む文化的土壌の成り立ち

3．1　サラワク州の歴史とコミュニティーのリーダーたち

元々、ボルネオ島のサラワク州は、1841年から1941年までの100年間、西マレーシアとは完全に異なる「サラワク王国」であった。1840年まではサラワク地域はブルネイのスルタン（イスラム教国の君主）の支配下にあり、ラジャ（藩王）が治めていたのだが、先住民族の統制が取れずに手を焼いていた。そこへ現れたイギリス人探検家の

ジェームズ・ブルックは、イギリス軍と協力して先住民族の反乱を鎮圧し、その褒美としてサラワク地域を譲渡され、彼自身が白人のラジャとなり、サラワク王国を統治したのだという。ブルック家がサラワク王国を治めたこの100年間は、現在のサラワク州を考える意味で非常に重要な時期である。その後日本軍の占領、そしてイギリスの直轄植民地を経て、サラワク王国はサラワク州として、同じボルネオ島のサバ州、そして西マレーシアと共に、イギリスから独立する形で1963年にマレーシア国家を形成したのである。

ブルック家の白人王によって治められた100年間は、現在のサラワク州の基盤となっている。白人王は民族間の公平を保ち、衝突を避けるため、それぞれの民族・地域コミュニティーからリーダーを選出し、自治機能を強化した。サラワク王国は1867年の議会では48の議席を設けたが、その後も議席は増え続け、2014年にはサラワク州議会において82の議席を設けることができた。この数はマレーシアのどの州よりも多い数である。白人王に信頼されたコミュニティーのリーダーたちは自分たちの声が尊重されることを実感し、他のリーダーたちの声を聞き、お互いに尊重する風土が生まれたという。とはいえ、部族間の単発的な衝突はやはり起きてしまう。だが、それぞれの部族を代表するリーダーたちが、事件の後には当事者やその家族に遺恨が残らぬよう、しっかりと話し諭す。これは昔も今も、多文化社会を構築するサワラク州で続くコミュニティーのリーダーの大切な役目であるという。

実は、もともと王国であったサラワク州はマレーシアの中でも未だに独特の地位を維持している。マレーシア国内とはいえ、クチン市の空港では入境管理が徹底され、そこではサラワク州外のマレーシア人も身分証明が必要となる。西マレーシア出身者は、サラワク州で労働するには、日本人と同じように労働ビザを取得せねばならない。こうした厳格なルールにも、サラワクの民のプライドが感じられる。

3.2 オープン・ハウスの風習

クチン市に古くから伝わる風習の一つに、オープン・ハウスという文化がある。これはお互いの宗教的祝事の際に、近所の人々を誰でも自分の家に招き、食事と共に一緒にお祝いをするというものだ。もちろん、食事を提供するとなると、相手の宗教の食事情についても理解しておかねばならない。また、訪ねた客人も自分の宗教について相手に説明する必要があるだろう。そして、招かれたお返しとして、次は自分の宗教のイベントの際に相手を招待する。こうしたお互いの家庭の行き来は、相手の宗教、文化や習慣、更には言語を知る機会にもなる。例えば、中国の旧正月には、子どもたちは紅包《ホンバオ》といわれるお年玉をもらいに嬉々として華人の家を訪ね、そこで中国で縁起のいい色は赤色なのだと学ぶ。宗教の違う家庭間での文化交流が相互に行われる風土の中で人々は育っている。彼らにとっては多文化社会は当たり前の光景であり、異文化に対して肩肘を張る必要もないのである。

4. クチン市における潜在的不安要素

ただ、このようなクチン市でのお互いの宗教や価値観を尊重する社会現象も、もしかすると長く続かないかもしれない。まず、クチン市民自身がどこまでこの特殊な現象を認識しているのかが問題となる。子どもの頃から普通であった多文化共生や異宗教への配慮は、当事者たちには当たり前のこと過ぎて、その価値や意義さえもきちんと認識されていない可能性がある。その普段の当たり前の現象の価値に気づかなければ、意外と長年続いた風習や習慣が容易く変わってしまう危険性を孕《はら》んでいるのだ。

そして、著しく発展する情報メディアももう一つの脅威となる。これまで外界と分断されてきたコミュニティーでも、今はＳＮＳや各種メディアを通して、容易に情報のやりとりができるようになっている。近年、クチン市は都市部だけでなく郊外も発展が著しい。クチンの人々は老若男女スマートフォンを自由に操り、ＳＮＳを通じて互いにコミュニケーションを取っている。言うまでもないが、世界には自らの宗教を絶対的唯一の価値観だと信じ、それ以外の宗教信者に対して偏見、あるいは侮蔑《ぶべつ》の態度をとるような人々が数多く存在している。このような外の世界からの異宗教に対する嫌悪感や暴言、フェイクニュースといった態度に、今後は日常的に晒《さら》されていく可能性がある。もちろん、十分に知識と経験、そして理性を備えた者であれば、こうした外部刺激に安易に惑わされることはないだろう。しかし、まだ人生経験の少ない若者たちが外部からの誤った扇動的情報に影響を受け、その結果として、自らの伝統を忌み嫌うようになることは十分に考えられる。

今後も更なる情報化が進むなか、昔ながらのオープン・ハウスの風習や、互いの宗教的祝事を共に祝う文化を意図的に保護する施策を取らなければ、次第にこの美しい文化も廃《すた》れていくのかもしれない。２０１５年のクチン市による「City of Unity（調和都市）」の宣言は、現地の地域文化をブランド化することで、その特異性を世界に発信したともいえるが、同時にクチン市民にもその意義を認知してもらい、地域社会のアイデンティティと自尊心を高めてもらうための大きな一歩だったといえる。

5．日本の多文化化に向けて

近年、日本では海外からの様々な文化が急速に流入してきている。少子化が進む日本社会において、海外からの労働力の確保は急務であり、もはや、これまでまことしやかに語られ続けてきた文化の「単一性」に固執することは不可能に近くなってきている。

多様な異文化が流入しつつある今日、日本人社会はどれだけ多価値を尊重する知識と姿勢を蓄えているのだろうか。観光やオリンピックを観戦しに来日するムスリムたちに、どれだけの飲食店がハラールの料理を提供できるのだろうか。ベジタリアンやヴィーガン[3]が肉や動物性脂肪を心配せずに、食料品を購入できるような配慮はなされているだろうか。またイスラム教徒である訪日客たちが祈りを捧げる安全で静かな部屋をどこまで徹底して用意できるのか。果ては、外見は元より、言語や振る舞いが異なる外国人たちに対して、どこまで日本人は偏見を抱かずに接することができるのだろうか。そして、来たるべき将来に備えて、在住外国人を同じコミュニティーの一員として受け入れる度量はどこまであるのだろうか。まだ多くの日本人には、漠然とした未知への不安と異質性への受容に対する不安しかないのかもしれない。確かに多価値はいつの日も相互に相容れないものであったりする。いつまで経っても異質性はトラブルを生むだけだと先入観を持っている人たちもいるだろう。

そういった意味では、クチン市にみる多文化共生社会像は、このような先入観を打破する一つのモデルではないだろうか。もちろん日本とは歴史的・文化的背景が異なるため、クチン市での多文化共生の在り方を日本でそのまま実現するのは難しいだろう。とはいえ、異質性を排除することも無視することもなく、多価値を認め合うことで協調性を保ったコミュニティーは実現可能であることをクチン市は示してくれている。

宗教や人種、国籍などは、個人をイメージ構築する一つのラベルでしかない。乱暴な言い方だが、まずはこうしたラベルは血液型や十二星座のサインといった要素と同じ程度の重要性だと捉えてもよいのかもしれない。ラベルに捕らわれず、一人ひとりが個人として向き合えたときに、お互いの異質性に先んじて共通点が多いことにきっと気がつくはずである。多様な個々とのつながりが自然な環境の中で育まれていけば、それを基礎とした温かなコミュニティーが日本社会でも醸成《じょうせい》されていくであろう。多様性を認め、互いに理解し尊重するクチン市民の姿勢は、日本社会の多文化化に向けて意識転換への警鐘を鳴らしているような気がしてならない。

6．結　語

筆者は2016年2月に一般社団法人グローバル教育推進プロジェクトによる大学生向け海外研修プログラムの引率者として初めてクチン市を訪問した。その後にも3度クチン市を訪れたが、毎回クチン市民の寛容さと温かさに深い感銘を受けている。多価値を尊重するクチン市は、今後世界でもっと注目を浴びるべき手本といえる。長年の歳月をかけて培われた多文化共生の風土は決して偶発的なものであるはずもなく、そこに住む人々の努力や知恵、そして想いによって育まれてきたのは明らかである。クチン市には、日本、そして世界に向けた多文化共生への大切なヒントがまだまだ隠されている。

最後に、本執筆にあたり、クチン市在住の「東南アジア青年の船サラワク州同窓会《アルムナイ》」事務局長のヘレン・リム（Hellene Lim）氏と実業家キム・スン・チュウ（Kim Soon Chew）氏に多大なるご協力をいただいた。この場をお借りして、深く御礼を申し上げたい。

【注】

（1）２０１８年7月30日をもって団体名を Yayasan Perpaduan Malaysia へと改名した。

（2）イスラム教のモスクから大音量で放送される礼拝への呼びかけ。毎日夜明けから始まり、一日に5回放送される。

（3）より厳格な菜食主義者。肉や魚だけでなく乳製品や卵も摂取しない。

第5章　「単一民族国家」が直面したグローバル化への必然と未来志向の模索

― 韓国は如何にして多文化社会移行課題と対峙してきたか ―

【木内　明】

1. 「単一民族国家」という幻想

国境を越えた自由な往来が常態化している現在、もはや厳密な意味での「単一民族国家」など、非現実的な想定だろう。そもそも、民族や人種という概念や実態が極めて多様かつ曖昧であり、地図上に「単一民族国家」を切り取ろうとする発想自体に無理があるといわざるを得まい。日本においても「単一民族」という言説は、ときに政治や信仰の場などで歴史や文化を無視して恣意的に用いられることが多く、ゆえに発言の主が政治家であったりした場合には多方面からの批判は免れられなかった。

その点、韓国は日本と異なって、これまで民族論に依拠したデリケートな議論がそれほど顕在化してこなかったこともあり、「単一民族国家」というフィクションを打ち消す社会的な反作用は機能しにくかった。しかも、北朝鮮と対峙する緊迫した状況下においては、国内の自由な主義や思想は許容しがたく、反共産主義に裏打ちされたナショナリズムが社会制度や教育において徹底された。「単一民族国家」という言説は、「反共」であれ「統一」であれ、国民の統合を下支えする前提として実質的に有用だったのである。そのため、他国に比して「単一民族国家」が、ゼノフォビアや国粋主義といった批判に晒されることが少なかったこともその延命に一役買ってきたようである。

このような環境下に培われた社会が、異なる文化や価値観、あるいはそれらを体現する他者を尊重しながら共存する、いわゆるグローバルな発想と相容れることが難しいのは想像に難くないだろう。筆者が研究上の視点から関わり始めた80年代の韓国は、まさに他者には溶け込むことが容易ではない、均質性が高く閉ざされた社会であった。1987年まで海外旅行さえも認めていなかった政策が、その壁を一層高くしていた頃合いでもある。90年代前半には数年間、ソウルの大学で学ぶ機会を得たが、外国人教員や留学生も数えるほどしか在籍しておらず、基本的にマイノリティや異文化に対する配慮や支援は、肌感覚としては無に等しかった。

ところが、それから、30年の歳月を経てみると、韓国社会の様相は一変していた。１９９０年には４万人に過ぎなかった外国人居住者の数も、２０１６年には２００万人を突破し、人口の４％を占めるまでに至った。大韓民国法務部（日本の法務省に相当する）では、ここ数年の動向から２０２１年には３００万人を超え、５％代になると見ている。飲食店や建設現場で働くアジア系外国人はもとより、韓国籍を取得した外国出身の政治家や、韓国代表として活躍する外国出身のスポーツ選手や芸能人、そして脱北してきた北朝鮮人など、社会の様々な領域を多彩な外国出身者が着実に占め、人々の考え方も柔軟かつ多様性に富むようになった。今なお「単一民族国家」は、時に自分たちの特異さを裏付ける証左として、時に異文化に対する理解不足の弁明として、おもむろに担ぎ出されることはあるものの、後戻りすることはもはや不可能な過去の遺物になったことは疑いようがなさそうである。

2. 韓国社会の多文化化

韓国では2000年ごろから、急増する外国人との結婚や、その家族を指す言葉として、「多文化」が市民運動やNGOなどを中心に使われるようになった。それを政府が外国人関連法案を作る際に採用し、「多文化教育」「多文化家族」等の用語を通じて広く普及した。そういう意味では、EUのような多国間の枠の中で人々が自由に移動している社会における「多文化」とも、アメリカやオーストラリアのような多彩な移民からなる国々における「多文化」とも異なる。現状、狭義には家庭内における韓国文化と外国文化の二項対立を指すことが多いが、一般的には韓国に居住する外国人と関わる凡そすべての現象が「多文化」として表現される。また、近年、韓国社会において韓国人と外国人が共に居住する状況については「多文化相生」という言葉が用いられるようになっている。

韓国における実質的な多文化の萌芽は、1987年に中国在住の朝鮮族に対して韓国内に居住する親族訪問の許可を与えたことであろう。両国に離散していた家族の人道的支援のため、60歳以上の朝鮮族に限って渡航が認められることになった。これを機に、共産主義政権下、中央から遠く離れた東北部において経済的にも恵まれていなかった朝鮮族にとって、高度経済成長の渦中にある韓国はにわかに出稼ぎの場として浮上した。朝鮮族の間では韓国への親族訪問にかこつけ、滞在期間の許す限り建設現場や製造業などで働く人々が続出する。ふと思い出したのが、80年代末、ソウルの地下鉄駅の構内で床に座り込み、漢方薬を売るみすぼらしい高齢者の集団に遭遇したときの情景だ。一緒にいた韓国の友人は、「中国から来た人たちだよ」とことさら言明すると、見せたくないもののように筆者の関心を削いだのだった。あまり歓迎されていない存在であることは理解していたが、朝鮮族の置かれた境遇の厳しさを端的に見せられた思いがした。

やがて、１９９２年に韓国と中国が正式に国交を結ぶと、両国民の相互の渡航は遥かに容易になった。すると丁度その頃に韓国の農村社会が直面していた、いわゆる「嫁不足」を解消する救世主として、中国朝鮮族に白羽の矢が当たった。たちまち、農村の自治体や様々なブローカーの斡旋によって、朝鮮族の女性との見合いが活況を呈すようになった。以後、高度経済成長に沸く韓国にとって、朝鮮族は言語や文化の壁も低く、政治的なイデオロギーによる価値観の差を克服することで受容可能な手っ取り早い人的資源として歓迎されることとなった。とはいえ、同じ民族でありながらも、貧富による差別や人身売買まがいの労働環境等、負の副産物が付随することは避けられなかった。「単一民族国家」が醸成してきた異文化に対する配慮の欠如やマイノリティに対する無理解の最初の犠牲者として、その洗礼を受けたのは同じ民族ではありながら外国人だった朝鮮族であったのである。韓国にとって朝鮮族をめぐる諸問題は、高度にグローバルなイシューでありながら、同じ文化、言語の同胞であったがために、基本的には韓国社会に適応させるという一方的な措置で片付けられ、それが韓国社会を「単一民族国家」という呪縛から目覚めさせる力にはなり得なかった。

外国人労働者が飛躍的に増加したのは、いわゆる「研修生制度」の導入以後のことである。1991年に法務部が「外国人産業技術研修査証発給等に関する業務指針」を制定し、それまで制限していた外国人労働者の雇用枠を大いに拡大した。日本でいうところの「技能実習生制度」である。労働現場での人手不足や農村での嫁不足が深刻度を増し、もはや中国朝鮮族だけに頼った人的供給が立ち行かなくなったことで、東南アジア諸国にも広く門戸を開くこととなったのである。

1998年には同制度を改訂した「研修就業制」を採択し、2年間の研修の後に試験に合格すれば、さらに1年間は正規の就業生としての合法的な就労が可能になったのである。それは2004年の「雇用許可制」へと発展し、働き手を確保できない雇用主は、労働庁の許可のもと外国人の雇用が可能になった。この「雇用許可制」の施行に併せて各地に「外国人勤労者支援センター」が設置され、労働環境や条件の法的な整備に乗り出したのである。やがて、2007年に「雇用許可制」と平行して実施されていた「研修生制度」が完全に廃止され、外国人労働者の雇用については「雇用許可制」に一元化された。安価な外国人労働力を「研修生」といった建前で雇用するダブルスタンダードにも見切りをつけたのである。同じ頃、農村に嫁ぐ結婚移住者の国籍も、フィリピン、ベトナム、インドネシアと多様化し、数も飛躍的に増えた。2004年には外国人と韓国人の結婚は34640件に上り、韓国全体の結婚数の11・2パーセントを占め、以後2010年まで韓国における結婚数の10％は、配偶者が外国人という特殊な現象が続いたのである。

3. 外国人住民の前に立ちはだかる壁

2000年以降、外国人労働者の出身国も多様化し、滞在年数も長くなると、それだけ社会問題も複雑かつ深刻になっていった。また、農村で急増した外国人女性との結婚も、異文化に対する理解や準備の不足が災いして離婚率は高かった。それらが、不法滞在者の著しい増加を招く結果となったことは言うまでもない。韓国政府は、2003年に「外国人の雇用などに関する法律」を採択し、ビザの期限が切れた不法滞在者に自己申告させることで、3年未満の不法滞在者14万4091人に合法的な滞在資格を与えたほどである。

ほんの少し前まで、「単一民族国家」と言ってはばからないほど外国人住民が少なかった社会である。制度の多くが韓国人や韓国語話者を想定して整備され、異なる肌の色、異なる生活習慣、異なる信仰を有する外国人労働者や外国人妻の立場は弱いものにならざるを得なかった。これら外国人住民の前に立ちはだかった壁は、彼らをして同じ出身国同士、言葉が通じる者同士の相互の扶助を必然とさせ、やがてそれは、同じ文化圏からきた人々による集団居住地域の形成に至るまでになった。

外国人住民の中でも最も多い中国の朝鮮族は、かつて町工場が密集していたソウル市九《ク》老《ロ》区加里峰洞《カリボンドン》や、近隣の大林洞《テリムドン》に大規模なコミュニティを形成している。また、朝鮮族以外の中国人は、青島との定期航路がある仁川《インチョン》市やソウル市内に、既存の華僑社会を拡大させながらチャイナタウンを作っている。あるいは、フィリピンからの出稼ぎ労働者や結婚移民が集う教会を中心にフィリピン市場が開かれるまでに発展した城北《ソンブク》区の大学路《テハンノ》や、衣類工場で働くベトナム人が多い城東《ソンドン》区の往十里《ワンシムニ》といったように、ソウル周辺にはいくつもの外国人コミュニティが形成されていった。出身地の繋がりを頼りに身を寄せ合い、自分たちの馴染みの文化からなる生活基盤を構築していったのである。とりわけ、ソウル市の南30キロに位置する安山《アンサン》市では、工業団地が駅から近く、通勤も容易であった。さらには生活費がソウルよりも安価であったこともあり、外国人労働者が流入しやすく、74カ国から6万人以上の外国人を吸収しながら特殊な社会を形成するに至っている。同市の壇園区《タノン》元谷洞《ウォンコクドン》のように、住民2万7000人のうち外国人が2万人と70%以上を占める地域すらあるほどである。韓国国内では調達しにくい食材を扱う店や外国語のメニューの食堂が並び、一見、韓国社会の文化的な多様さや包容力の豊かさを目の当たりにするかのような光景である。逆に、何の用意もない韓国人がふと迷い込めば、理解できない文字の看板や異なる風貌の人々に囲まれ、不安や居心地の悪さを感じるかもしれない。

集団居住地域に収束するようになったとはいえ、増加する一方の外国人や彼らが抱える問題に対しては、社会全体として対処していかなければならないことに変わりはなかった。韓国社会に溶け込むことを拒むかのように映る外国人コミュニティの増加も、「単一民族」を自認していた韓国人たちの警戒心をいたずらに刺激することもあり、その不安に起因する蔑視が時にさらなる民族間の軋轢を誘発させる引き金になったりしている。

韓国は多文化化がもたらす未曾有の社会問題に国を挙げて対策を講じることとなった。

4. 外国人住民を受け入れる国家対応

多文化社会への移行を目指して、韓国人自らの外国人や異文化に対する先入観・偏見克服のため、様々な対策が打ち出された。そのひとつとして、２００１年に公益広告協議会から出された図１の広告に象徴されるような人種的先入観や固定観念に対する警告や啓蒙が挙げられる。この広告では、従前の「肌色」のクレヨンに加え、白色と黒色のクレヨンを並べ「どれも肌色です」というタイトルをつけた[1)]。肌の色に対する固定観念とそれに伴う偏見の打破を試みようとしたものである。その他、多文化教育の専門家を育成し、教育機関や自治体に派遣して、人々の誤解を払拭して理解を深めることにも着手した。

　他方、外国人居住者に対する法的な支援の構築にも積極的に着手した。２００６年に「居住外国人支援標準条例（案）」

図１ クレヨンの色で人種的偏見の克服を訴える広告

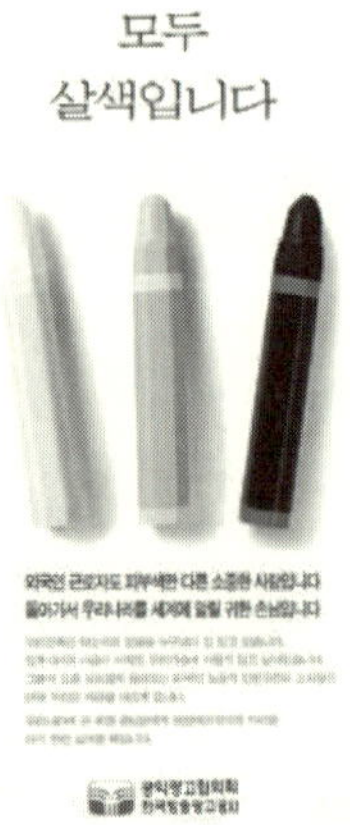

を発表し、翌２００７年には「在韓外国人処遇基本法」が公布された。同法は「国及び地方自治体は在韓外国人が大韓民国で生活するのに必要な基本的素養と知識に関する教育・情報提供および相談などの支援ができる」とし、韓国で暮らす外国人の社会適応を支援する法的根拠を整えることを目指したものである。そして、それが発展する形で２００８年に「多文化家族支援法」が制定された。同法の施行により、国家や自治体は結婚移住者の生活と教育を支援、家族内の平等な関係維持のための努力と葛藤の予防が義務付けられた。これをもとに、各地域の事情とニーズにカスタマイズされた「多文化家族支援センター」が設置され、韓国語の教室をはじめ、就業支援、生活情報の提供、多文化社会理解教育、他各種相談事業の窓口が設けられた。２０１８年現在、全国における同センターの数は２００箇所を超えるまでに至っている。

ただし、この「支援法」は多文化社会を目指す上で微妙な齟齬《そご》を内包していた。この法律が規定する「多文化家族」とは、韓国人と外国人の婚姻家庭に限定されており、華僑や難民を含め、韓国社会でマイノリティとして暮らす外国人同士での家庭は支援対象とされていなかった。つまり、将来的に韓国籍を取得するであろう結婚移住者とその家族を韓国社会に統合するための政策であり、同化主義との批判は免れなかった。とはいえ、この「支援法」が、異文化を受け入れる準備や覚悟のない農村に嫁いで八方塞がりに絶望したり、夫からのＤＶに耐えるしかなかった少なからぬ外国人妻たちに手を差し伸べたことは事実である。しかしながら、基本的に結婚移住した外国人女性たちの韓国化を促すというスタンスが色濃いことは歴然としていた。各種メディアによるニュース映像でも、チマチョゴリで韓国式の礼節を習ったり、キムチなど韓国料理の講習会に参加する外国人女性の姿が強調されるたび、社会から賞賛された。他方、外国人同士の家庭や韓国人女性と結婚した外国人男性に対しては、そこまで手厚いサポートは期待すべくもなかった。

同法のもと、女性家族部[2]では第１次多文化家族政策基本計画（２００８~２０１２）を立てるや、「多文化家族の生活の質の向上および安定した定着支援」、「多文化家族の子女に対する支援強化およびグローバル人材の育成」を目標に掲げ[3]、その内容も、その後、時と共に変化する社会的な課題への対応策を盛り込みながら修正された。第２次計画（２０１３~２０１７）では、「社会発展の動力としての多文化家族の力量強化」、「多様性が尊重される多文化社会の実現」が目標とされた。つまり、外国人が社会の負担だという認識から脱却し、社会の一員として積極的に取り込みながら、むしろ社会の力にしようとするスタンスである[4]。この頃のある企業の広告に図２のようなものがある。褐色の肌の手が韓国の伝統工芸品にMade in Koreaという文字を縫い付けている。脇には「この手がまさに大韓民国を作る手です。」と書かれている[5]。短期的な出稼ぎとして遠くから覚めた目で見られている外国人労働者もまた、韓国人たちと共に韓国製品を作って韓国に貢献している事実を訴えるものである。

さらに、第3次計画（2018～2022）では、「皆が尊重される差別のない多文化社会の実現」、「多文化家族の社会、経済的参与の拡大」、「多文化家族子女の健康な成長」の3つを目標としている。韓国社会に定着した多文化家族のあり方も多様になり、20万人を超える多文化家庭の就学児童に対する教育現場での配慮も盛り込まれることになった[6)]。

韓国が経験した様々な試行錯誤には、短い間に「単一民族国家」から「多文化社会」へと正反対に大きく振られた振り子への社会的対応が如何に難しいかをあ

図2 労働者の多様性と理解を訴える広告

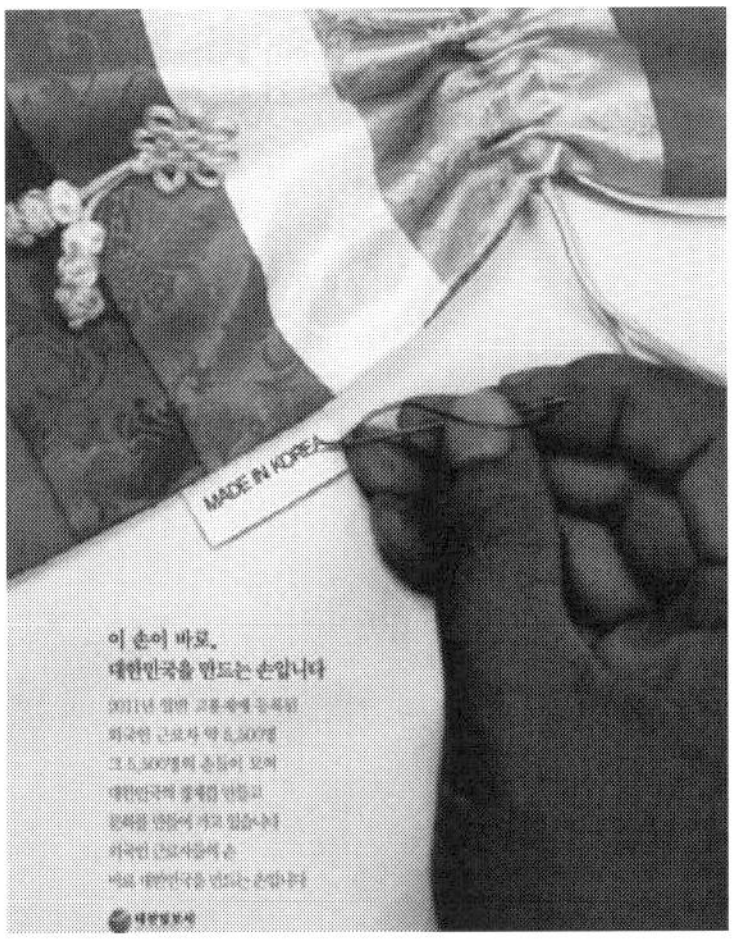

らためて思わされる。特筆すべくは、第1次計画より一貫して韓国人自身に訴え続けているのが、外国人住民に対する偏見の打破と理解である。「単一民族国家」が標榜された社会におけるその困難さは想像に難くない。どの多文化社会においても、既得権を譲歩する主流住民への教育や不満のコントロールは、いつまでも手を緩めることのできない課題であろう。

5. 日本への示唆と「多文化相生」という理想

本項では、粗略ながら韓国における多文化社会への移行過程と、そこにおける政府の対応を振り返った。韓国は、これまで新たな法律は日本の先行例を参考に立法化することが少なくなかった[7)]。ところが、日本以上に急速に差し迫った少子高齢化による労働力不足に直面するや、こと多文化支援や移民政策については、慎重な日本を尻目に、政府のリーダーシップによって果敢に取り組んできた。海外の若い労働者を積極的に受け入れる一方、後手ながらも、その法的根拠や人権保護のため、敏感な法律や制度の整備にも踏み切った。2005年には、永住権を取得した外国人に地方選挙における選挙権まで与えている。確かに、近年まで「単一民族国家」の呪縛に絡め取られていたがゆえの困難があったことは否めない。しかし、日本とて近代の一時期にナショナリズムの発露として「単一民族国家」を正当化した時期は存在した。韓国の模索は等閑してしまうにはあまりにも示唆するところが多い他山の石といえる。とりわけ、韓国社会の受容力を高めることに対する国を挙げての腐心は、外国人や異文化に対する先入観や偏見、つまりは排他性の克服が大きな課題であることの証左であろう。韓国全土の「多文化家族支援センター」の217箇所という数字は、日本における児童相談所の数とほぼ等しく、その役割とニーズの大きさを端的に物語る。法制度の整備は元より、それと同様、あるいはそれ以上に人々の認識という環境整備が、避けて通れない課題であることを今更ながら痛感させられる。日本にとっても、この先、外国人住民を受け入れない、というベクトルは現実的ではなかろう。人口に膾炙《かいしゃ》した感はあるものの、外国人の受け入れに消極的な現段階から、韓国のみならず、諸外国の先行事例に基づいた異文化理解、他者理解のための教育手法の開発、実施は不可欠に違いない。ネット上の排他的な見解の横行を見る限り、グローバルなメディア・リテラシーの重要性も言を待たない。

また、筆者は、近年韓国で多用される「多文化相生」という用語に、一つの理念とする社会像を見る思いがする。日本語としては馴染みの薄い「相生」ではあるが、韓国語の「多文化相生」という文脈の「相生」について、「多文化主義」の背景を論じた李善姫は「互いに勝利者として生きるという意味を持っている」という。当初、結婚移住女性を一方的な韓国化で統合を図ろうとしたことに対する反省もあるのだろう。多数集団への無理な統合や多民族の完全な均質化を目指すものではなく、恐らく、奇しくも散在する外国人集団居住地域の現状とも折り合いをつけながら、パッチワーク状に多彩なコミュニティが「相生」する社会ということではないだろうか。だとすれば、限界集落や生産年齢人口の減少におびえる日本が、町おこしや地域の集約等の課題に対する一つの解決案として、理想的な多文化社会構築を行政による空間レベルで計画していくことも、偶発的な多文化化による軋轢を緩和し、外国人住民の能力を社会の力として有効に活用する一つの道と言えるだろう。

少子高齢化による人口の先細りへの解決を迫られながら、未だ諸外国に比して外国人の受け入れにも及び腰な日本にとって、韓国の模索は一つの事例として、参考に値するだろう。

【注】

（１）タイトルの「どれも肌色です」の下の小さな文字は以下のとおりである。「私たち民族は弱小国の悲しさを誰よりも知っています。日本の植民地時代の痛さが今も我々の胸で癒されずに残っています。だからこそ、最近頻繁に耳にする外国人労働者の人権蹂躙のニュースはより一層私たちの胸を痛めます。韓国に来た貴重なお客さんに東方儀礼之国の美徳をもう一度見せるときです。」

（２）第１次多文化家族政策基本計画　女性家族部　２００８年３月

（３）女性政策の企画・総括、女性の権益増進などの地位向上、家族と多文化家族政策の樹立・調整・支援、健康家庭事業のための児童業務及び青少年の育成・福祉・保護に関する事務を担当する中央官庁。

（４）第２次多文化家族政策基本計画　女性家族部　２０１３年３月

（５）広告の下の小さな文字は以下のとおりである。「２０１１年、一般雇用制に登録されている外国人勤労者約５５００名、その５５００名の手が集まって大韓民国の経済を作り、文化を作って行っています。外国人勤労者の手、まさに大韓民国を作る手です。」

（６）第３次多文化家族政策基本計画　女性家族部　２０１８年３月

（７）１９９１年の「研修制度」は日本の「技能実習生制度」を参考にしている。

【引用文献】

李善姫　韓国における「多文化主義」の背景と地域社会の対応『GEMC Journal』東北大学、２０１０年、pp.6-19。

第6章　グローバルコミュニケーションの極意は「自然体」

― 挿話ベースで考える異文化共感力の核心 ―

【浅間　正通】

1.「グローバル」という抽象性

昨今、国際交流、異文化交流、学校教育、社会教育、企業活動、ボランティア活動といった多種多様の場で、さらにはごく一般的な日常会話文脈の中でさえも、「グローバル」という言葉が容易に耳に入ってくるようになってきた。「グローバルスタンダード」「グローバル教育」「グローバル人材」などの言葉はすっかり社会定着してきたが、グローバル、グローバルと、人々の口から何の衒《てら》いもなく発されている実際には多少の面《おも》はゆさを感じる。というのも、その前身とも言える日本の経済成長を牽引してきたキャッチワード「国際化」が、これだけ多様な国から定住外国人を受け入れている時代にあってもなお死語と化すことなく、むしろ彼らと結婚している日本人を未だに「国際結婚カップル」などと呼び称していたりするだけに、なおさらその感が強い。それ以上に違和感を覚えてしまうのが、その実態と乖離《かいり》した言語コンテクストである。たとえば、大学名や学部名に国際を冠してみたものの定員充足を果たせないがために近隣アジア諸国からの外国人留学生を破格待遇で就学させ、結果として「国際」の体面を保っている大学・学部があるかと思えば、人里離れた山間奥深くに広大な敷地を確保して日本人を集客しているレジャー施設が「…国際スキー場」「・・・国際カントリークラブ」であったりするのだから、日本の国際化はどこを志向しているのか首を傾《かし》げざるを得ない。少なくとも「グローバル」と「ローカル」の融合である「グローカリゼーション」の理念を思量しての話でないことだけは確かなようである。

諸外国に目を転じてみると、多くの国々では多言語・多民族国家としての機能が必然ゆえに、自国内はすでに国際化されており、国際結婚とても決してインターナショナルマリエッジ(international marriage) ではなく、ミックストマリエッジ (mixed marriage)

である。日本という国の立ち位置が未だ不安定な証左と言えよう。
いずれにせよ、数十年にも及ぶ世論を取り巻く国際化文脈の中で、その本質定義と鳥瞰展望に関して熟した議論も展開されぬまま、時代の趨勢から取り残されまいと、今度は「グローバル化」という外来修飾語に恣意的な思いを託し、国家主導の日本人の意識改革が促されている現実を垣間見ると、なぜか言葉そのものに弄《もてあそ》ばれている気がしてならない。確かに、1990年代に入ってからの凄まじい情報化スピードによって国際間の垣根が取り払われ、その結果としてボーダレス化が促進されつつある昨今、「国際」という冠《かんむり》言葉よりも「グローバル」の響きの方が現時代との親和性に富むのは言うまでもないが、未だ多くの人々がグローバル人材に付与するイメージを「仕事で世界中の先進諸国を飛び回っている人」「英語が堪能な人」と描術している背景を思うと、欧米幻想から脱却できていない現実に思い至らざるを得ない。そこで、あらためて、2011年4月28日に文部科学省が『産学連携によるグローバル人材育成推進会議』の報告資料の中で定義しているグローバル人材像に関わる箇所を抽出してみたい。

「グローバル人材とは、世界的な競争と共生が進む現代社会において、日本人としてのアイデンティティを持ちながら、広い視野に立って培われる教養と専門性、異なる言語、文化、価値を乗り越えて関係を構築するためのコミュニケーション能力と協調性、新しい価値を創造する能力、次世代までも視野に入れた社会貢献の意識などを持った人間であり……」[1)]（傍線、筆者）

公的報告書にありがちな硬直性高き文言が踊ってはいるものの、極めてグローバル人材に不可欠な要素が的確に凝縮された解説と言える。ここで再度注目してみたい箇所が下線部である。昨今のグローバル人材育成やグローバル教育推進プロセスの中で、ともすると失念されがちな自文化尊重の念は、決して迎合主義に陥ることなく諸外国から本質的な敬意を引き出す基本的かつ重要な精神スタンスと言える。次章において詳説してみることにする。

2．置き去りにされた自文化発信力

実業界からの熱いラブコールを受け、日本の大学教育におけるグローバル化が著しい。それに拍車をかけたのが、2014年に文部科学省が創設した「スーパーグローバル大学創成支援事業」である。日本の大学の国際化を促し、グローバル人材の育成を急ぐ意図から、

2023年度までの10年間に亘って選定校37大学に相応の補助金が手当てされるものである[2)]。そして、先にも記した「産学連携によるグローバル人材育成推進会議」が発表した報告書『産学官によるグローバル人材の育成のための戦略』(2011年)中の基本方針のひとつである「大学の教育力を磨きつつ世界展開力を強化する」を最大ミッションとし、採択・不採択を問わず今や各大学で授業の英語化が積極推進されているところである。それを裏付けるように、科学技術振興機構が運営する研究人材支援サイトJRECINでは[3)]、専門科目にとどまらず一般教養科目でも「英語で授業を行えること」との文言を条件付与する大学も少なくない。つまり、日本人学生を対象に日本人教師が英語で担当授業を行う方向性もが積極推進されつつあるのである。国際競争力を高めるための大学教育のポジティブアクションであるのは間違いなかろうが、母語教育と併行しての施策とならねば、形骸化の一途を免れない。現に、現場からは「日本語でやりとしても論理の展開が覚束ない学生に、英語でやれとなると……。」と、戸惑いの声が漏れ伝わってくる。なぜか津田幸男(1990)の「国際化」に関する次の提言が痛く警鐘として響いてきそうである。

〈国際化に関して〉

・英語が話せることと、国際人とは無関係であると認識すること。
・日本人の意識の国際化が必要であり、それは英会話では達成できないと認識すること。
・意識の国際化とは究極的には人間、言語、文化の徹底した平等を遵守する態度と認識すること。
・西洋化と国際化を混同すべきではない。西洋化とは模倣だが、国際化とは古い意識の破壊と新たな意識の創造を指すと認識すること。
・国際人とは無国籍人間ではなく、日本人としての肯定的な自画像を持つ人であると認識すること。

数年前、フィンランドの首都ヘルシンキから車で1時間ほど北のタンペレ市にあるアムリ総合学校、アイスランドの北極圏近くのレイキャビクに次ぐ第2の都市アークレイリにあるブレクスコリ総合学校の初等部英語授業をそれぞれ参観したが、英語と母語の対比授業がことさら目を引いた。生徒たちが教師によって板書もしくは電子投影された対比語彙の書写時に、母語を誤ってノート記載したならば、国語指導の一環から執拗なまでの説明と修正が施されていたのが印象的であった。

世界の教育の最先端をゆく北欧の教育においてさえ、如何に母語教育が重視されているかがよくわかる。そう考えてみると、グローバル化を志向するがために英語ありきの風潮が何の躊躇《ためら》いもなく日本の教育現場で浸透しゆくのを手放しで歓迎していてよいのか、些か悩ましいところである。そこで、多少の問題提起になればと考えて、僭越《せんえつ》ながらインバウンド旅行者に対する筆者の異文化

アムリの英語授業（フィンランド）

ブレクスリの英語授業（アイスランド）

スタンスをここに披瀝してみることにする。

東京八重洲界隈を歩いていると、よく外国人旅行者から道を尋ねられる。"Excuse me, could you please tell me how to get to Tokyo Station?"（「東京駅へはどう行けばよろしいですか」）と。そんな折は、努めて日本語で「えっ、何ですか？」と問いかけ直すようにしている。すると、2通りのタイプの反応を示す旅行者がいるのに気づく。当然ながら、日本語を全く解さない旅行者がいるかと思えば、その逆でそれなりにしっかりとした日本語で「エート、トウキョウエキ　エノ　ミチハ、エート、ドコデスカ？」と問い直してくる旅行者もいる。英語が話せる筆者としては、極めて悪質な外国人対応のように思えるかもしれないが、実はそれなりのポリシーあってのことである。つまり、せっかく日本を訪れているにも関わらず、彼ら訪日外国人旅行者が「ちょっとすみません！」とか「よろしくお願いします」などの日本語表現を一言も操ることなく日本滞在を終えてしまうのならば、それはある意味で彼らの異文化（日本文化）軽視を助長するものと考えるからである。日本語の「すみません」には、謝罪、感謝、呼びかけ、依頼などの多様な場面で多対応できる集団文化に暮らす日本人の円滑なコミュニケーションエッセンスが詰まっており、そこには連帯関係や人間関係の構築・維持に資する交感的言語使用（phatic communion）[4)]

が巧みに機能している。是非とも、深みのある日本文化の象徴表現への気づきを促したいものである。

話題は転じて、2020年度より、いよいよ日本の小学校でも、5・6年生を対象に現在の外国語活動（英語活動）が外国語科目（英語科目）に切り替わる。先取りしたさまざまな英語教材に、“What color do you like？”“What shape do you like？”などの問い、そして“I like ～.”などの回答による学習ステップが事細かに導入されているものの、“Why do you like it？”まで踏み込んだ展開事例はまず見かけない。確かに、そこまでやるとなると英語表現の難度が急上昇するからなのであろうが、そこは逆に母語でやり取りさせてもよいのではないかと考える。「どうしてそれを選んだの？」とそれに付随する相互の価値意識に垣間見る同質性・異質性への気づきを放置してしまうならば、旧態依然たる“Do you have a pen?”“Yes, I do.”止まりの機能不全対話に留まり、「依頼」という含意に気づくこともなく、“Here you are!”が付加できないヒューマノイドの如き英語学習者たちを量産してしまうことになるだろう。

3．外国語運用能力に先立つ異文化共感力

3．1　身構えない異文化対応力

異国の言語を操れない人間が、訪ねた当該国の人々との間に共感的な関係構築が可能かと問われたら“Yes”と答えたい。何故か。現にそのような人間に出会ってきたからである。そのひとり、T君は筆者が高校教師をしていた頃の教え子である。少し長くなるが、ここにケーススタディとして彼との思い出を紹介し、問題意識を共有してみることにしたい。

T君は、高校時代は周りから不良のレッテルを貼られていた悪名高き生徒であった。しかし、優しさのある子で仲間の非は自らが被ったりするところもあった。その彼の持てあますエネルギーを上手に発散させたくて、筆者が監督を務める空手部へと引き入れたのがT君更生の契機となった。父親も経験者であったことから、家庭での親子の会話が増えたようで、彼に穏やかな性格が戻ってきた。学業にも勤《いそ》しみだしたので、彼の進路に楽しみを覚え始めていたのだが、とある大学から誘いがかかり高校教師の職を辞すことにした。

せっかく創設した空手部も、またT君をも結果的に放り投げる形になった自らが悔やまれた。そして10年の時が経ち、文部省（当時）在外研究員として米国のカリフォルニア州立大学に赴いていたときのことである。キャンパスからほど近いブロックに一室を借りていた私の元へ1本の電話がかかってきた。T君からである。

彼：「先生、お久しぶりです。Tです。」
私：「えっ、どっ、どうしたの？今どこにいるの？」
彼：「今オレゴン州のポートランドに滞在しています。車を持っているので会いに行っていいですか？」
私：「もっ、もちろん。しかし、どうやって電話番号知ったの？」
彼：「先生のご実家にお電話してお聞きしました。住所をたどって、明日の午後には到着できると思います。詳しくはお会いした時に！」
私：「そうか、わかった。とにかく気をつけて！」

翌日、アパートの一室でずっと待機していると、夕陽が沈む頃合いに彼が到着した。懐かしさが込み上げてきた。部屋に招き入れてコーヒーを飲みながら事情を聴くと、高校卒業後は父親の仕事を手伝いながら暮らしてきたが、世間知らずの自分が悔やまれて、思い切って米国留学を志したとのことだった。聞けば、米国留学も授業中に私が語った様々な米国での体験談が影響したとのことで、感慨ひとしおであった。そして奇遇な出会いがなせる業か、その週末、彼の車で一緒に旅に出かけることとなった。

疲れたら交代しながら、ロッキー山脈が映える道中経由でワイオミング州のグランドティトン国立公園を目指し、要所要所のレストエリアで休憩を取りながら他愛もない昔話に花を咲かせた。いっとき話がつきると、私は傍《かたわ》らに腰かけて雄大な自然を堪能するのだが、彼はと言えば、車のトランクに積んだスケートボードを取り出して、いろいろな技にチャレンジするのが常だった。その度に、驚くほどの人だかりができ、彼に対して“Teach me !”の連呼が響き渡るのだった。米国にきてまだ数か月ゆえ彼の英語は覚束ないが、自らのスケボーを手渡して相手の体を巧みに操りながら何の躊躇いもなく日本語で技術指南する彼と若者たちの間に、言語を超えたコミュニケーションが生じているのが見て取れた。会話らしき会話すら成立していないにも関わらず、しまいには皆がぜひ自宅《うち》に泊りに来てくれと、住所をメモした紙を懇願ぶりの口調でT君に手渡すのだから驚きである。

異文化コミュニケーションを専攻する筆者にとって、このときの光景ほど研究材料として興味を誘われるものはなかった。

3.2　折り合う価値枠組み、折り合わない価値枠組み

語学力も乏しいT君の事例を引き合いに、彼が異文化に受け入れられた状況を描述したが、その最大のポイントは、彼が相手（異文化）のパースナルスペース（個人的空間）をも含む価値枠組みに自然体で入ってゆき、そして相手の気持ちや感情を本能的に理解しようとした点につきる。まさに共感が生じたゆえんである。人間性心理学の代表的研究者であり、「共感」をカウンセリング（来談者中心療法）の根幹に置くロジャーズ（１９８４）は、共感とは感情移入（empathy）と同義語とみなすことができるとし、感情移入による感情体験の共有こそがセラピストがクライアントから変化を引き出せる最重要要因としているが、どうやら言語媒介以前の異文化接触時に生じるコンフリクトにも大いに当てはまりそうである。そして次に、こんな経験もしたので紹介してみたい。

凡そ25年ほど前のことである。ある著名な国際教育機関から依頼され、国内で選抜された20人ほどの優秀な日本人大学生を引率して米国のカリフォルニア州を訪れた。現地到着してみると万全の手配がなされており、各学生は今後の学び舎となる現地大学に出迎えにきていたホストファミリーと首尾よく合流し、それぞれのホームステイ先へと散っていっ

た。私はと言えば、全員を見送った後、現地スタッフと今後の40日間に及ぶ語学研修スケジュールの確認で依然くつろげない。数時間経って漸《ようや》く解放され、現地スタッフから用意されていたキャンパス近くのワンルーム（studio）に落ち着いた。その日はゆっくりと時差ぼけを癒すべく早々に床に就くことにした。すると1本の電話がかかってきた。研修メンバーのひとり、Y君からである。「先生、英語があまり上手く話せないので、マナーだけはしっかりと守ろうとしていたら、急にホストマザーから険悪な顔つきで捲《ま》くし立てられました」と。事情が掴めないので、眠さを押しのけて詳細な状況説明を求めたのち、先方にも電話して両者の意見を擦り合わせてみると、すぐさま事情が判明した。

確かにY君の英語力は他のメンバーよりも格段に劣り、片言の挨拶言葉しか交わせなかったが、問題の核心は意外なところにあった。つまり、“Excuse me, can I have something to eat ?” “Can I have something to drink ?” “Can I use the bathroom ?” などの逐一許可を求める言い回しが、ホストマザーにとっては極めて他人行儀に聞こえてしまったのである。日本人の日本語ならではの特有の丁寧表現に倣《なら》って何とか英語で表現した彼であったが、逆に重要な文化的伝送誤りを生じさせてしまっていたのである。詰まるところ、自らの経験則に基づく価値枠組みのみで判断したがために、相手の価値枠組みと折り合わなかったわけである。先述したT君とこのY君、状況こそ違えども異文化局面における共通コードの抽出法において実に興味深い対比事例と言えそうである。

4. 共感的立ち位置を醸成する日々目線

4.1 さりげない優しさが生む共感

前章において、「共感」とは相手の価値枠組みで相手の内的状態を理解するものである点を述べた。異文化に暮らす人々と言語コミュニケーションも儘《まま》ならない状態で、彼らに対して、果たしてそのような感情移入が可能なのであろうか。確かに感情の抱き方を訓練するのは至難の業であるが、日常の目線の価値シフトを習慣化してゆくことは十分に可能と思える。そして、その日々目線の価値シフトとは何かと言えば、要は「マイノリティや社会的弱者に向ける自然体（習慣化された）の眼差し」に尽きよう。そこで、筆者自らがある意味でマイノリティと化したことで問題意識を先鋭化させられた、異国での経験を2つほど綴ってみることにしたい。

【レバノンにて】

２０１７年8月に中東のレバノンを訪れた。イスラム国（ＩＳ）のテロリストが蔓延《はびこ》るシリアに隣接する国である。２００6年7月のイスラエルによるレバノン侵攻は未だ記憶に新しい。しかし、それ以外は、ほとんど無知なままラフィクハリリ国際空港に降り立ったので緊張感が絶えなかった。空港にインフォメーションデスクはあったが係員は常駐しておらず、ネット予約した宿への行き方もわからない。なおかつタクシーを拾うにも客待ちしていた空港タクシーは3台のみであったので、怪しさが漂い乗車が躊躇《ためら》われた。しかし、タクシー以外に手立てなく止む無く乗車してドライバーに目的地を告げると、すぐにも運賃メータが付いていないのに気がついた。そこで、宿までの凡その所要時間と所要料金を幾度か確認して車を走らせてもらうことにした。40分と言っていた時間が過ぎてもまだたどり着かない。６００００ＬＢＰ（当時４３２７円）と言って口頭約束した料金も果たして是なのか危ぶまれた。すると、今度は数か所で車を停め、片言の英語で通りがかりの人に大声でホテル名を聞いている。返ってくるのはアラビア語での脈無し回答ばかり。ナビ無しのタクシーが迷いに迷った挙句、宿に到着したのは1時間経過してからであった。とにかく乗車料金が当初の言い値通りであったのにはひたすら安堵したが、なぜ道すがらの人たちは皆アラブ系の人たちであったにもかかわらず、ホテルの所在地を尋ねる際の言語が英語であったのか訝《いぶか》しがられたので、そのことを問うてみると意外な答えが返ってきた。「現地語でやりとりすれば、お前が不安がるだろ」と。

幾度となく戦火を経験し、なおかつ地政学的にも絶えず諸外国から翻弄《ほんろう》されてきたイスラム系レバノン人だからこそなせる配慮ではなかったのだろうかと今になって回顧するところである。

内戦傷跡の象徴ホリデイイン（ベイルート市内）

ベカー高原を背にしたバールベック遺跡

【台湾にて】

２０１８年３月に台湾の台北《タイペイ》市から新幹線で30分ほど南下した新竹《シンチュー》市にある国立清華大学に勤める研究者を訪問した時のことである。約２時間の打ち合わせを終えて再び帰路につくべく新幹線駅までのタクシーを拾おうとしたが、あまりにもお腹が空いていたので街中まで歩き、美味しそうな中華料理店を物色していると、日本人ならすぐにも食指が動きそうな大衆食堂が見つかった。30代半ばと思しき笑顔満面の夫婦が迎えてくれたが、英語が全く通じない。仕方なく壁に貼られた写真メニューを指差して注文することにした。中国語で何やら朗らかに話しかけてくれるのだが、やはり解せなかったので、私が日本から来たことだけは何とか伝え、その後はこちらも笑顔満面で給仕された麺類の美味しさをアピールしてみることにした。お昼休みも過ぎていたので客は疎らであったが、台湾歌謡を聞きながら啜《すす》る麺の味がすっかり気に入った。しばらくして、日本の懐かしい歌声がスピーカーから聞こえてきた。その後も日本歌謡が続いたので奇遇だと店主にアピールすると、彼が親指を私に向けて突き出してきた。そう、彼は私に合わせて曲を切り替えてくれていたのである。心憎い演出が痛く身に染みた。そして、暫し寛《くつろ》いだ後「美味しかったよ！」と伝えて店を去ろうとしたところで、ふと初めての台湾訪問ゆえ帰路はのんびりと３時間のローカル線旅に切り替えようと気が変わった。店主に駅までの経路を英語で聞いてみるもののやはり通じない。レジ横に鉛筆があったので、手持ちの手帳にて筆談で問いかけてみると、彼も喜んで筆談で応えてくれて要を得た。ただし、歩いて30分はかかるというのでそれなりに覚悟した。と丁度そのとき、店先に餃子を買い求めようと、20歳前後の女性がバイクで現れた。店主と知り合いらしく、親しげに中国語で会話しているのだが、こちらは当然解せない。話がどう転んだのだか、店主が私に自前のヘルメットを差し出して、女性のバイクに乗れという。バイク女性も再びヘルメットを被り直し、私を後部座席にすわれと促した。店主と奥さんに別れを告げて皆の親切心に甘えることにした。道中対向車とすれ違うたび、ひやりとしたが、なぜか彼らの優しさ連携がとても嬉しく、かつ懐かしく感じられてならなかった。

思い出の舞台となった新竹市街地（台湾）

異文化接触とは、ともすると異質な価値接触に満ちている。異国を旅すれば、今度は当然のごとく自らがマイノリティとなり得る。そのような時、さりげない優しさに触れると実に心揺さぶられるものである。そしてまた、その優しさが人々の間で自然さを保って織りなされたりしているとなおさらである。文化的差異を越えて他人《ひと》の内面的世界にさりげなく触れえる感性を磨きたいものである。

4.2 マイノリティ目線を身につける術

では、その自然なマイノリティ目線とはどうやったら培えるのだろうか。答えは、自らが努めてマイノリティとなり得る環境に身をおいてみることである。そういった意味では、海外への旅が最適である。そして訪問しようとする当該国文化と自文化（日本）との間の価値幅の違いが大きければ大きいほど意味を持つ。また、複数で旅するよりも一人旅の方がマイノリティと化せる意味ではより望ましい。ただし、往々にして価値幅の落差が激しい地域では時に危険と隣り合わせとなりかねないので情報収集および状況判断は大切である。また、当然ながら費用もそれなりにかかってくる。ならば、別の手立てはないのか考えてみると、あえて構えることなくチャレンジできる手法の存在に気づく。

筆者が勤務先の大学で担当する異文化コミュニケーションの授業では、学期終盤には学生自らが提案したマイノリティ化体験を疑似体験させることにしている。1週間ほど提案内容を吟味させて授業内で発表してもらったのち、実行を許可する授業スタイルである。それぞれが思い思いのテーマを持ち寄ってくるのだが、やたらと被りが多い。「足の不自由な人の気持ちを仮体験するために松葉づえをついて週末過ごします。」「視覚弱者の立場を理解するために日曜日1日ずっと目隠しをして過ごします。」「食物アレルギーのある人のつらさを理解するために1週間小麦粉が入った製品は口にしません。」などは、かなりの重複提案事例であった。そこで、身体的な部分にのみ特化し提案する実際に警鐘を鳴らし、発想時の段階からマイノリティ化する意識への工夫を促すと、さすがに次週ではカラフルな提案が持ち寄られた。中にはこんなものがあった。男子学生が「携帯電話を1週間先生に預けます！」とか、女子学生が「新幹線で乗客の携帯電話を間近に目にしたらすぐ逃げます。」とか、ユニークなものが揃い始めた。前者にあっては、私に預けた翌日に早々と音を上げて返却を求めてきたので安易きわまりなかったが、後者は実に興味を誘われた。その女子学生曰く「よく公共交通機関を利用しているとペースメーカーなどに影響を与える恐れがあるので携帯電話の電源をお切りくださいと書いてあったりするじゃないですか。新幹線で明日、郷里の名古屋に帰るのでいったいどれだけの空間が影響を被らないのか調べてみたいです」。実施後に行ったプレゼンでの彼女のデータが説得力を持つものであったことはいうまでもない。

このように身近な形で、社会的に弱者としての立場に追いやられている人たちの痛みを少しでも感じる機会を得ることは工夫次第で可能であるが、もっと手っ取り早くそのような感性を磨く方法がある。それは、疑問に思ったり、わからないことがあったりした場合、決してそれらを放置しないことである。デジタル時代に暮らす我々は、ついついその利便性に満ちた暮らしぶりから、そのような状況に出くわすと後回しにしがちであるが、すぐに調べて検証する態度が身につけば、そのプロセスの中に着眼点の多様性を見出すことができるのである。

教育力逞しいフィンランドの実情に、MIKSI（フィンランド語の「なぜ」）の視点が導入されているのは意外に知られていない。結果そのものよりも、結果に至るプロセスへの気づきがフィンランド人の人間力を高めているのである。問いかけて答えが出ないとすぐに解を提示してしまう日本の教育場面と辛辣な意味合いで交錯しそうである。

グローバル時代に求められる共感力とは、詰まるところ、単一文化志向からの脱却、すなわち多元文化志向への眼差し転換なのではなかろうか。

5. 結　語

本書に所載されている他の論考と比べると、本稿はかなり特異な執筆スタイルを執っている。読者諸氏におかれては大いに違和感を抱かれることであろう。しかし、それは承知の上での執筆である。というのも、本稿のテーマは「共感」である。小難しい小理屈を並べたところで、それは知識としての理解に結びついたとしても、現実的な気づきは促されない。身近な異文化間の心理的距離の圧縮に繋がった実体験や事例を多く盛り込んだのにはそのような意図がある。

グローバルな視野、グローバルな人材、グローバルなコミュニケーションの前提に、「グローバル」な思いやりが根差していなければ決して対話者相互が共感的境地へと誘われぬことを肝に銘じておきたいものである。

【注】

（１）文部科学省「産学官によるグローバル人材の育成のための戦略」産学連携によるグローバル人材育成推進会議最終報告(PDF)、２０１１年、p.7。

（２）本事業はタイプA：トップ型（世界大学ランキングトップ１００を目指す力のある大学）、タイプB：グローバル化牽引型（我が国の社会のグローバル化を牽引する大学）に分けられ、前者にあっては13校が、後者は24校が選定された。

（３）JREC-IN Portal https://jrecin.jst.go.jp/seek/SeekTop

（４）マリノフスキー（Malinowski）の用語で、話し手と聞き手との間に一体感を生み、結果として最低限の人間関係を維持しようとする儀礼的挨拶。

【引用文献】


浅間正通（編著）『異文化理解の座標軸』日本図書センター、２０００年、pp.83-84。

カール・R・ロジャーズ、畠瀬直子監訳『人間尊重の心理学』創元社、１９８４年、pp.131-132。

津田幸男『英語支配の構造』第三書館、１９９０年、p.198。

第Ⅱ部

グローカルに見つめる日本力再生の萌芽

第7章　Web3.0時代のグローバル志向型人材の育成
―教育イノベーションとプレイフル・コミュニケーションの創出―

【前野　博】

1. プロローグ　―街角の邂逅《かいこう》―

それは21世紀への幕開けとほぼ時を同じくして生じた一つの変化であった。インターネットの接続環境が、いわゆる「ブロードバンド[1)]」へと移行し、高画質の動画送信などを含む様々なネットワークサービスが一般化した。それは娯楽やビジネス、そして教育などのあり方も変えた。急激な変化であったが、すでに我々にとって当たり前のものとなって久しい。

ところで、同じく今世紀に入って早々のことであるが、とある企業の経営者によるブロードバンド時代の到来を象徴するような、あるコミュニケーション様式に関する体験談が思い出される。その企業は、当初地域に根差したコンテンツサービスに関わる企業であったが、全国規模への業務拡大などの事由から、全国の事業所間での密度の高いコミュニケーションの必要性に迫られることになった。そこで導入したのが、ハイビジョンクォリティのリアルタイム動画を双方向に送受信するビデオ会議である。その経営者によると、そのシステムを用いれば、遠隔地にある事業所間であっても、まるで壁に開けた窓越しに対面で会話をするかのような自然なコミュニケーションが行えるとのことであった。

尤《もっと》も、ビデオ会議のアイデア自体は当時にあってもそれほど目新しいものではなかった。筆者が注目したのは、技術的な新奇性そのものよりも、その経営者の自然体とも言える意識そのものにあった。それまで、ネットワークを介したコミュニケーションというものに対しては何か特別な、そして日常性とはやや乖離した印象があることが否めなかった。ところが、前述のエピソードでは、技術的な要素はほとんど意識されず、ごく自然に最先端のテクノロジーが自分なりの方法で活用されているのに驚かされた。また、同様の技術を用いたある実験に関する記事も想起される。確か、前述のエピソードとほぼ同時期のことであったように記憶している。そして、その記事内容を要約するとこうである。海外と日本のとある街角同志をハイビジョンビデオ通信で繋ぎ、街を行き交う人たちが大型モニタに映し出される相互の様子を捉えたとき、彼らはいったいどう反応するであろうかと。いざ実験が始まると、そこではまるでショーウィンドウ越しに出会うかのように、人々は顔を見合わせ、手を振り合い、身振り手振りで自然なコミュニケーションを行う様子が観察されたとのことであった。人々は異空間を繋いだ窓の出現を可能としているテクノロジーに何の意識を奪われることもなく、ごく自然に街角の出会いを楽しんでいるかの如くであった。この話からも新たなネットワーク時代到来の予兆を感じたものであった。

それからさらに20年近くを経た現在、人々は催事ある度にハイビジョン画質の動画をスマートフォンで撮影してはSNS上で共有し、それを生業とする者までもが出現し、人々のコミュニケーション風景は、SNSを核として大きく様変わりしてきた。Web2.0時代の到来である。しかしその一方で、若者におけるSNSの使用状況を見てみると、ユビキタスと喩《たと》えられ、国の隔たりを超越可能な世界規模の技術を利用しているにも関わらず、その多くはクラスメイトや遊び仲間など、限定された仲間内でのコミュニケーションツールと化しているのが大半である。また昨今、産業界や教育界を中心にグローバル化が叫ばれている一方で、若者の国内志向、いわゆる「内向き志向」が取り沙汰されている。先述したような、世界の人々が国を隔てて明るく手を振り合える新たなコミュニケーション時代の到来に関する予感は、果たして誤想だったのであろうか。

2. 出会いによって産み出されるもの

ヒトがヒトとして生きていける要因は様々であるが、その一つに共生がある。独立した生活を営みながらも社会の中で相互に依存し合い、また協力し合いながら様々なモノ・コトを生み出し、共有し、分け合い、時には争い、また慈しむ。さらにヒトが成長するためには他者との関わりが必須の要件である。子は親と、また成長とともに他者との関わりの範囲を広げ、それらの関わりを通して共に成長する。

昨今、脳科学分野での研究の進展やそこでの知見が広く公開されるに伴い、脳の機能やそのメカニズムに対する人々の理解が深まってきた。そのようなメカニズムの1つに、脳の発達と他者との関わりに関するものがある。ヒトの脳のパフォーマンスを左右するものには生得的なもの、いわゆる遺伝的要因によるものと生後習得的に獲得したものがあることは誰もが理解している。そしてまた、習得的要因の中でもヒトの脳は、特徴の異なる様々な他者との交流により大きく発達することも知られている。そのことから、「人格や知性は巡り会いの総体」[2]であり、異文化を背景とする人と人が出会い、そして交流する時、人の能力は大きく高まるのである。

さらに昨今様々な分野で着目されるキーワード「多様性（diversity）」と「持続性（sustainability）」の点において、性質や価値観の異なる他者と出会う機会を多く持つことが有益であることは論を待つまでもなかろう。脳科学で言うところの知的機能発達にとっての「豊かな環境」は、何も施設・設備や制度上の仕組みにおける多様性のみを指すのではなく、他者から受ける影響の多様性をも含む。したがって、できるだけ多くの良質な出会いをお膳立てし、様々な出会いから新たな発見や驚きに基づく感動体験を惹《ひ》き起こさせる環境を構築することは、子どもたちや若者たちの成長においては重要かつ必須であり、それは我々に課せられた責務とも言えよう。

3．内向き志向の若者たち

一方で、引きこもりやニートなど、自己と社会との関わりを避けたがる若者の増加が社会問題となって久しい。また普通に社会と関わりを持ちながら生きている多くの若者においても、普段は他者との関わりにある程度の積極性が見られたとしても、それが海外や外国人との関わりとなると、途端に臆病になったり、億劫になったりする者は少なくない。

　日本人の海外留学状況を表したデータ（図1）を見ても、日本から海外へと留学する者の数は、2004年をピークに、大きく減少してきている状況が分かる。ところがその一方で、上記に併載された内容には、留学生が1ヶ月以内短期留学者も含めた期間別データ（図2）もあり、ここ

図1 日本人の海外留学状況（3項移動平均）[3)]

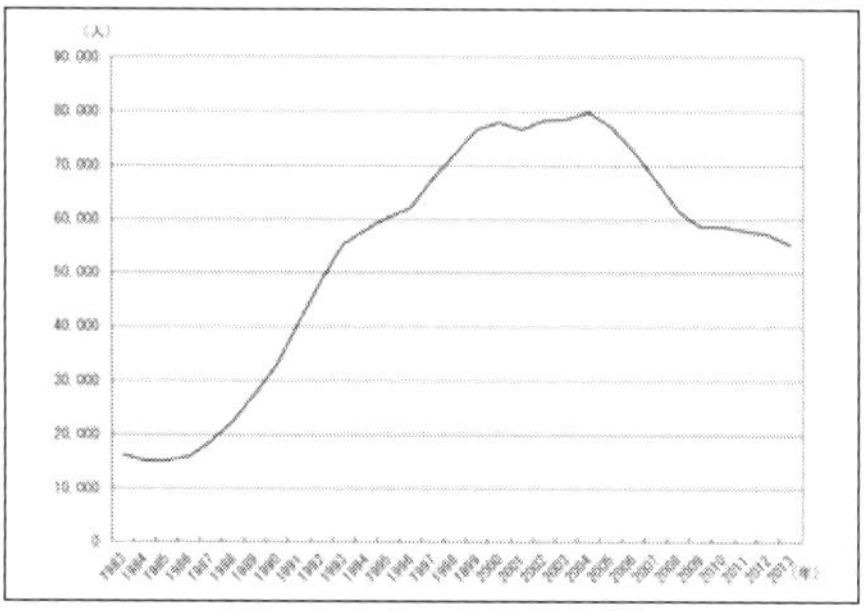

（データ出典：文部科学省）

図2 留学期間留学期間別留学生数の推移[4)]

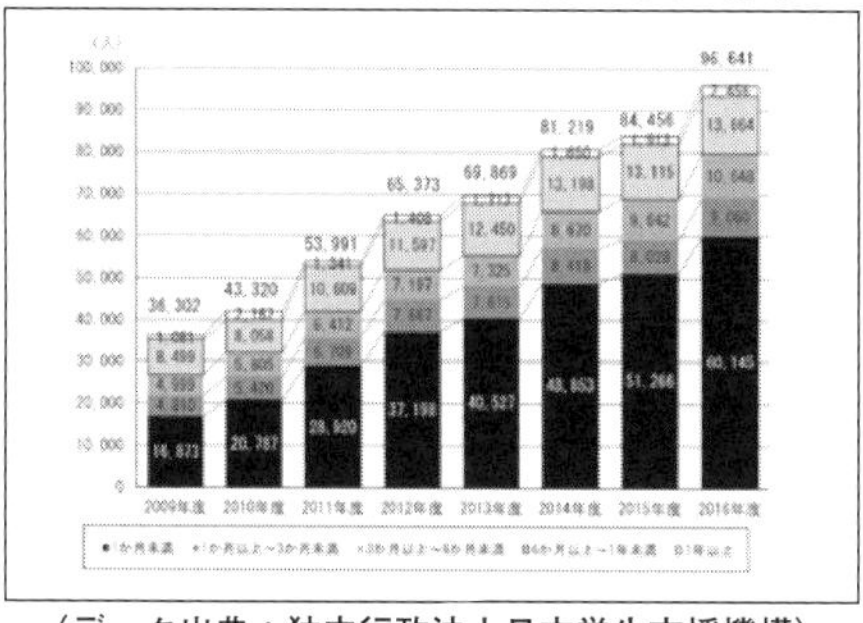

（データ出典：独立行政法人日本学生支援機構）

からはむしろ留学者数は増加しているという状況が見て取れる。

この2つのデータは、一見すると矛盾するかのような印象を与えるが、前者はOECDが高等教育機関からの留学生数を基に集計したものであり、後者は教育機関を限定しておらず、対象が異なる。さらに後者のデータ内容をよく見てみると、そこでは1ヶ月以内の短期留学者が各年度の母数を大幅に押し上げていることが分かる。ここから見えてくるのは、高度な経験や能力の獲得を目的として努力を伴う長期留学に向かう層と、手軽に旅行感覚で短期に海外での学びを経験したい層とに分化する、いわゆる海外志向の2極化である。それには様々な要因が考えられ、本書他稿においても取り上げられているのでここでは詳しく述べないが、経済的要因とキャリア形成上の要因には触れておきたい。

まず、我が国のGDP並びに経済成長率の長期低迷傾向に呼応するように、留学に消極的である理由として経済的理由が挙がるようになった。加えて、キャリア形成の面からも長期の海外留学を忌避《きひ》する傾向が顕著となってきている。長期留学に伴う留年や2重の学費等といったリスクがある一方、就職採用の際に留学経験をプラス要因と捉える企業がさほど多くないことなど、学生からは留学によって得られるベネフィットが見えにくくなっている。その反面、海外での留学者数の急増と相まって、留学先ではより高い語学力が求められるようになってきた。このような事情から、海外留学に二の足を踏んでいる若者たちは少なくない。

また、国際的な競技連盟のスタッフとして何年もボランティア活動を続けているある学生の例では、海外からの選手と広くコミュニケーションを交わし合っている実際がありながらも、関連業務の忙しさから外国語の習得はおろか、海外渡航への動機付けすら希薄化しているとのことであった。また特に、キャリア形成の一環として海外での人脈や経験を活かすつもりもなく、逆に活かせるとも思えないとも述べているのが印象的であった。

このように、せっかく多言語コミュニケーションを経験することが可能な環境に身を置いていながらも、海外での学びや外国そのものに対して興味が持てない者も少なくないようである。

4. 興味と学習のメカニズム

それでは、若者たちの意識を海外へと向かわせ、あらためて興味・関心を抱かせるには何が必要なのだろうか。過去に筆者は、マーケティングを専門とする企業に席を得ていたことがあるが、そこでは、人々へ商品に対する興味を抱かせる要因をベネフィットに求めることが少なくなかった。しかしその一方で、人々の生活体験などに基づく興味・関心とそれら相互の関連性を調査し、そこから得られた詳細なデータの分析を通して消費行動のより本質的な要因を探るとともに、商品開発や広告等へ役立てていくこともそこでの重要な業務であった。

その体験からも、海外留学に就職や収入増加などといったベネフィットを若者が期待できていない昨今の状況を鑑み、そうであるからこそ興味・関心をいかに引き出すかがまずは肝要であると筆者は考えている。それでは、若者の興味を、敢えて海外へと向かわせていくためには、一体どのようなことが必要となるのだろうか。そこでまずは、「興味」というものが、いかにして引き起こされるかについて考えてみたい。

興味の初発動機として最も有効とされるのが感動である。脳科学分野での昨今の研究から、喜びや快感を感じたとき、ドーパミンをはじめとする脳内物質が分泌されることによって脳は刺激を受け、人の行動に大きな影響を与えることが広く知られるようになった。また、心理学の分野においては、適度に連続した緊張感からの一気の解放（弛緩）によって感動が発動されることが知られている[5]。すなわち、感動には時間経過に伴って変化する緊張感の推移、言うなればストーリー（文脈）が必要なのである。このことは、音楽家がケーデンス[6]に基づく和声や楽曲理論の習得を必須とすることや、映画制作においてストーリーや編集がいかに重要であるかを考えれば、その必然性が理解できる。教育においても、ストーリーやドラマ性は時としてその効果を高め、動機の形成に重要な役割を果たす。例えば、ＮＨＫの「ハーバード白熱授業」という番組が、難解なテーマにも関わらず多くの視聴者を惹きつけたのは、得られる知識はもとより、質問と回答から真理を探究する心へと誘《いざな》うドラマチックな構成に魅せられたからではなかろうか。

前述してきたことから、人々が感動体験を通じて興味を持つためには、コミュニケーションやストーリーを通じた共通な文脈理解を通して、よりダイナミックな感動を得ることが重要な要因であることが理解できる。そのようなことから、若者の意識を海外へと向かわせるには、外国人とのコミュニケーションを含む海外におけるリアルな風情に触れさせるのもまた重要な要因であると考えられよう。

5．情動を揺さぶる動機付け

5．1　興味と学習のメカニズム

ところで、これまで外向き志向醸成への阻害要因の１つである経済的ハードルを少しでも下げようと、様々な教育の機会を通じて国内外の教室をビデオ会議システムで結び、いつもの教室にいながら遠隔地間でインタラクティブな授業を行うなどの試みがなされてきた。これは当初、ＩＣＴの教育活用という点や新たな語学学習の可能性として興味深いアイデアであり、一定の効果が認められもした。しかしながら、さらなる展開へ向けてはいくつかの問題点も認められた。その1つ目は、コストの問題である。ビデオ会議を行うための2つの教室で必要となる機材やネットワーク設備等のコスト、教員や技術者等のコストである[7)]。ただし、機材面やネットワークに関するコストは、時とともに低減化が可能だ。より深刻な阻害要因としては、教育の場としての一体感や臨場感（没入感）の不足による共感醸成の難しさが関わっているのではないかと強く推察している。

Skypeなどのビデオ会議でも指摘されるように、狭小な画面、カメラ位置等の物理要因による自然なアイコンタクトの取り辛さ、回線品質に伴う不安定等、いくつかの要因から会話への没入感の乏しさや、またある種のもどかしさを感じることがある。そういった欠点をオンラインホワイトボードなどの機能によって補完する形式のＷｅｂ会議システムが利用されることもあるが、上記のような不満が必ずしも解消されているわけではない。

5.2　複合的ＩＣＴ活用による新たなコミュニケーション環境の創出

ところで、我々が情報の価値判断を行うには情動能力（情動脳）が関わることが知られている[8)]。さらに、我々は学習行動において情動が不可分な要素であることを体験的に知っている。したがって、若者たちに自ら興味を湧き立たせ、実際の行動へと向かわせるためには、適切な情動を惹起《じゃっき》させるダイナミックで臨場感のある仕組みが望まれる。また、そこにストーリーを盛り込んでいける仕組みも不可欠となる。しかも、経済的事由や言語の壁を排し、誰もが参加可能で特別なスキルを必要とせず、ワクワクするような、いわばプレイフルなコミュニケーション環境が求められる。それがもし遠隔地間で行われるならば、自然なコミュニケーション醸成のために、異なる場所にいながらもあたかも同じ空間にいるように思えることが不可欠となる。また、それを利用するための特別な知識などは一切不要な、ローコストで実現可能な環境でなければならない。

昨今、ゲームなどエンターテインメントの分野での普及が進んでいるVR（Virtual Reality：仮想現実）技術によって、あたかもその場にいるように上下左右360度を見回し、リアルかつ相応の没入感の体験が可能となった。この技術をリアルタイムの双方向コミュニケーションに応用するならば、遠隔地間でのコミュニケーションの臨場感は格段に増し、互いの情動へダイレクトに訴求することも可能となるだろう。

現在、教育分野において、例えば、身体のVR映像を用いた外科手術のシミュレーション学習や、バレーボールなどの競技に関するVR映像を通してボールに向かう様々な状況を擬似的に作り出して対応力を養う研究など、VR技術を学習場面に活用した様々な試みがなされている。また、遠隔地で行われた授業のVR映像をeラーニングに活用することも試みられており（図3）、これを双方向に行うこともある程度可能になってきた。

もっとも、リアルタイムでのVRコミュニケーションを違和感なく行うためには、大量のデータを遅延なくやり取りするための遅延最小化技術も必要となる。また、VR映像の再生に必要なゴーグル型モニタもまだサイズは大きく、装置を頭に装着した外観は多少の不自然さがあるため、より自然なコミュニケーションを行うためには、メガネあるいはコンタクトレンズに似たデザインとそのための小型化技術が求められる。

さらに外国人とのコミュニケーションに消極的な者にとって必須となるのが音声認識および機械翻訳技

図3 VR装置を取り入れた授業の様子

術である。現在、一般に無料またはローコストで提供されている機械翻訳サービスや製品よりさらに高い能力を有した、通常の学習に必要となるような会話文を自然な文章へと翻訳できるレベルのものが求められる。ただこれに関しては、昨今のＡＩ（Artificial Intelligence：人工知能）やビッグデータ分析・活用技術の発展に伴い、それほど遠くない将来、そういった世界の到来を十分に期待できそうである。

これら一つ一つの技術はまだ発展途上ではあるが、いずれもある時を境に一気にコモディティ化が進む可能性はある。

6. Ｗｅｂ 3.0時代に求められる資質

21世紀最初の10年は、先述のようにブロードバンド通信の一般化とモバイル通信の一般化に伴い、ＳＮＳなどを通じてすべての人々がクリエーターかつ発信者となるＷｅｂ 2.0時代到来の時期と言える。そこからさらに現在、ブロックチェーンなどに象徴されるように、データ資産は分散的に相互管理されていく傾向にあり、すべての人がステークホルダー、コンテンツホルダー、さらにはプラットフォーマーとなりうる、いわば次世代型ナッレッジ・マネージメントのスタイルが形成されつつある、いわゆるＷｅｂ 3.0時代の到来であり、IoT（モノ、コト）からIoP（Person：ヒト）への転換が行われようとしている。そこでは、知識や様々な情報、そしてそれを保有・管理する人々は、汎地球的に遍《あまね》く分布するため、内向き・外向きの概念自体がすでに意味を為さない。

そもそもWWW（World Wide Web）の基本概念であるハイパーリンクも様々な分野の知識を相互に関連づけ、そこから無限に人々の興味・関心を拡張していくのが本質である。このようなWeb 3.0時代にあって、OECDの教育プロジェクト「Education 2030」においても提唱されたように、これまでの科目依存型で縦割りの学習ではなく、科目横断的な学習[9]が求められるようになってきている。そのような教育によって若者たちの意識が変わった時、また先述のような新たなコミュニケーション環境が一般化した時、彼らは知識の交換や課題解決の際に、隣人に相談するかのように国境を超えたコミュニケーションを行い、友人と旅行の相談をするかのように多国間でプロジェクトを立ち上げるようになっているのかも知れない。そのためには学校も変わらなければならないであろう。学びは学校の中にのみあるわけではないが、公教育の中にあっても新しく挑戦し、変えていけることは多いはずである。

7．エピローグ　―新たな出会いに向けて―

かつてＰＣやインターネット、デジタルメディアの活用も、最初は一部の専門家たちのものであったが、やがて特に難しい専門知識がなくとも、たとえ就学前の子どもであっても様々に使いこなせるようになった。その時々の技術を最大限に利用し、それまで予想もしなかったような形で活用しながら、コミュニケーションを最大化してきたのは、その時代の若者たちであった。ＡＩやＶＲなどの技術も同様であろう。皆がワクワクしながら容易に活用できるプレイフルな環境。それが普及の必須の条件である。

宇宙ステーションに向けた３Ｄプリンティングの技術を用いた食品の転送などということも真剣に考えられている現在、互いの姿を遠隔的にホログラフィで仮想的な立体物のように表示させ合ったり、マッピングしたお互いの姿形を送信先の３Ｄプリンタに送った後、送信先に設置されたロボットに貼り付けてリアル・アバターとし、それらを介した文字通りリアルなコミュニケーションが可能になったりするような日がやがて来るかもしれない。

世界の人々を結びつけ、そしてより豊かにしていくためには、従前の常識に囚《とら》われることなく、たとえそれがその時点では実現困難なように思えても、決して臆することなく、そしてワクワクしながら未来へ向かっていく若者のエネルギーがいつの時代も原動力となるのである。

【注】

(1) ブロードバンド：インターネットの接続環境がダイアルアップ接続やISDNなどからDSLや光ファイバーケーブルを用いたFTTH（Fiber to the home）へと移行し、通信帯域の拡張により高速な通信を可能としたネットワークサービス。

(2) 茂木健一郎は著書『脳が変わる生き方』の中で、性格形成では親の影響が2割、他者の影響が8割とし、「人格や知性は巡り会いの総体」であり、他者との出会いから受ける影響の重要さを述べている。

(3) 日本人の海外留学状況 OECD等による統計：「外国人留学生在籍状況調査」及び「日本人の海外留学者数」等について、(http://www.mext.go.jp/a_menu/koutou/ryugaku/1345878.htm)、文部科学省、2017年12月。以上を元に筆者が3項移動平均を算出。

(4) 独立行政法人日本学生支援機構調査、2016（一橋大学国際教育センター教授 太田 浩、『留学交流』2014年7月号 Vol.40、独立行政法人日本学生支援機構）

(5) 戸梶亜紀彦は「『感動』喚起のメカニズムについて」の中で感動が緊張と弛緩の切り替わりに発動することを指摘している。

(6) コード進行が自然な流れとなるための基本的音楽理論。

(7) 中島義裕は「ビデオ会議システムやSkypeを用いた海外の大学とのインタラクティブ授業」でビデオ会議を用いた双方向実験授業の問題点として、高品質映像送受信のための機器や技術者等のコストが高く、しかも二重に必要なこと等を指摘している。

（8）ＯＥＣＤ教育研究革新センターによる『脳を育む　学習と教育の科学』の中で、大脳辺縁系に存する「情動脳」の働きを通して、人間の知的活動や教育における情動の重要性を説いている。

（9）ＳＴＥＭまたはＳＴＥＡＭ教育などと呼ばれ、科学から芸術まで分野横断的かつ自律的に学ばせていく教育方法がそれにあたる。

【引用文献】

ＯＥＣＤ教育研究革新センター、小山麻紀訳『脳を育む　学習と教育の科学』明石書店、２００５年、pp.79-80

戸梶亜紀彦「『感動』喚起のメカニズムについて」認知科学、8巻（２００１）4号、２００１年 p.363

中島義裕「ビデオ会議システムやSkypeを用いた海外の大学とのインタラクティブ授業」大阪市立大学『大学教育』、第14巻 第2号、２０１７年、pp.58-59

茂木健一郎『脳が変わる生き方』株式会社ＰＨＰ研究所、２０１３年、p.39

第8章　日本の大学教育のグローバル化を再考する
― 今、求められる柔軟なカリキュラム設計 ―

【小川　勤】

1. 序

日本の大学では「教育のグローバル化」や「グローバル人材の育成」を標榜し、2004年の国際教養大学（秋田県）の開学を契機としてブーム再来かのごとく1)、「国際」あるいは「グローバル」という名を冠した学部が続々と開設されている。その一方で、学生たちは、国内経済が回復基調にあってもなお、「海外留学」にはあまり興味・関心を示さず、いわゆる「内向き志向」を強めている。また、大学教員はと言えば、少子化に危機感を募らせ、学生募集や入試業務等の教育・研究以外の業務に余念がない。さらには形骸化した教員評価にも同調を余儀なくされ、疲弊の色を隠せないでいる。教師自身が夢を語れない現状の中で、学生に「夢を抱いてグローバル人材になれ」と語っても、その説得力の乏しさは言わずもがなである。しかし、ひとたび海外に目を転じてみると、海外の大学生たちは、積極的にギャップイヤー[2)]を利用し、自らの将来や大学でのこれからの学びに思いを馳せ、その基礎知見を得るべく異文化交流を重ねている。日本の大学生との大きな違いを感じざるを得ない。

そこで本稿では、この「違い」を教育制度上の違い、とりわけ「カリキュラム」という切り口から分析し、日本におけるグローバル人材育成上の問題とその改善について明らかにしてみたい。

2．大学教育グローバル化の進展

まず最初に、前章で注目した２００４年度以降の「国際」あるいは「グローバル」などの名前を冠した学部の設置状況をみていこう。２００４年度には早稲田大学国際教養学部、2006年度には上智大学国際教養部、2010年度には関西学院大学国際学部、2011年度には同志社大学グローバル・コミュニケーション学部、2014年度には上智大学総合グローバル学部、2015年度には山口大学国際総合科学部、2016年度には千葉大学国際教養部といったように、国公私立を問わず国際系の学部の新設が相次いでいる。さらに、この流れを後押しするように、文部科学省は2008年に、2020年度を目途に受け入れ留学生30万人を目標とした「留学生30万人計画」を打ち出している。また、2012年には、大学教育のグローバル化を目的とした体制整備を推進する事業に対して、重点的に財政支援を行う「グローバル人材育成推進事業」が始まった。さらに、2013年10月からは、日本の若者たちが海外留学に一歩踏み出す機運を醸成することを目的として、官民協働で取り組む海外留学支援制度「トビタテ!留学JAPAN」をスタートさせた。この事業は、2020年までに日本人の海外留学者数を倍増(大学等では6万人から12万人、高校では3万人から6万人)させることを目標としている。この事業では若者たちが経済的な理由で留学することを諦めないように、民間等から広く寄附金を募り、集まった資金を財源として海外留学を希望する学生の経済支援に充てている。また、2014年には「グローバル人材育成推進事業」をさらに強化した「スーパーグローバル大学等事業」が始まった。この事業は、大学改革と国際化を進め、国際通用性および国際競争力の強化に取り組む大学環境の整備・支援を行うことを目的としている。

　では、このような積極的施策導入の結果、果たして日本人海外留学生の数は増加しているのだろうか。ＯＥＣＤ、ユネスコ、米国国際教育研究所（ＩＩＥ）が実施した２０１５年度調査によると、日本人の海外留学生数は５万４６７６人であり、対前年度比２３６人の減少となっている。また、過去26年間（１９８９年〜２０１５年）の推移を見ると、２０００年代前半までは海外留学生は確かに増加し続けていたが、２００４年の約８万３０００人をピークとして、それ以降は減少に転じ、２０１１年には約５万８０００人とピーク時に比べて約30％の減少となっている（図１）。

　この傾向は、これまでグローバル人材育成のために文部科学省や大学がさまざまな施策や教育プログラムを導入してきたにもかかわらず、日本人海外留学生の増加には必ずしも明示的には結び付いていないことを示している。では、なぜ

図１　日本人海外留学生数の推移 3)

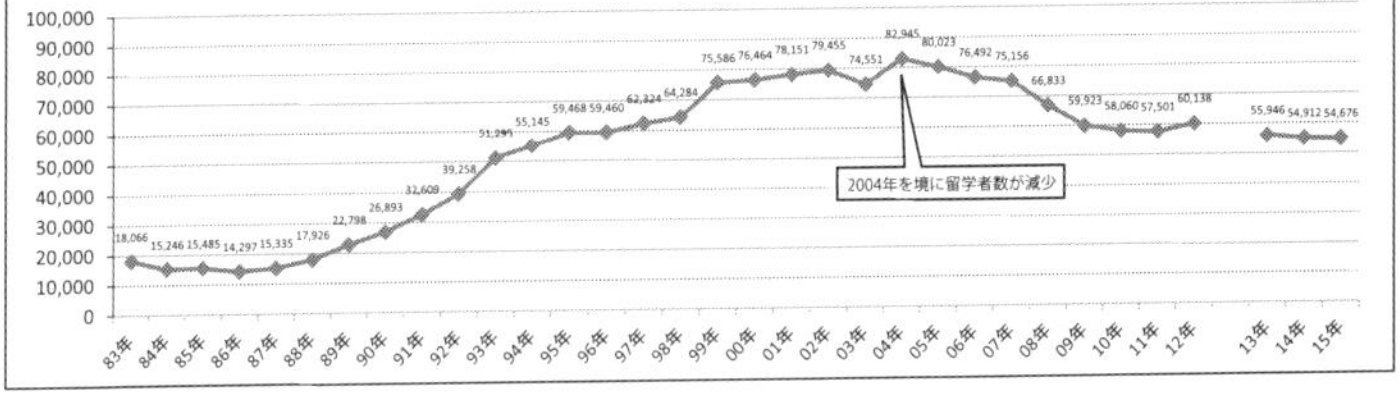

日本人学生は海外留学に対して、以前ほどまでの強い関心を示さなくなったのであろうか。その背景や課題、さらには課題克服の視点を含めて、関西国際大学での展開事例を参考にしてみたい。

3．国際教育交流プログラムの展開事例

海外留学に対して日本人学生が比較的消極的になりつつある昨今、関西国際大学（以下、ＫＵＩＳ）で現在展開されている国際教育交流プログラムは注目に値する。日本の大学におけるグローバル人材育成のための教育プログラムが模索すべき新たな方向性へのヒントを探ってみることにする。

3．1　ＫＵＩＳにおける国際教育交流プログラムの概容

ＫＵＩＳは、開学以来、21世紀のアジア・太平洋地域の発展を見据え、世界市民として活躍できる人材の育成を教育目標に掲げてきた。海外での学修プログラムは、２００５年よりすでに開始されていたが、当初は学部・学科単位で実施されることが多く、名称も統一されていなかった。そこで、２０１１年度からは、①海外フィールド・スタディ、②

海外サービス・ラーニング、③海外インターンシップ、④交換留学といった4つの分野に整理・統合するとともに、プログラム全体を〝グローバル・スタディ（以下、GS）〟[4)]と名付け、一部の学科を除いて全学生が在学中にGS科目を1科目以上履修することを義務付けるようになった。さらに、2014年度からは、国内でのインターンシップ（IS）やサービスラーニング（SL）等の学外研修プログラムをコミュニティスタディ（以下、CS）と名付け、CSについてもGSと同様に、全学生に在学中に1プログラム以上の履修を義務付けるようになった。そして、学外での学修成果を活かすために、GSとCSを統合して〝Off-Campus プログラム〟と名付け、大学における講義や実習との有機的な連携を図ることになった（図2）。

図2　KUISにおけるOff-Campusプログラムの全体像

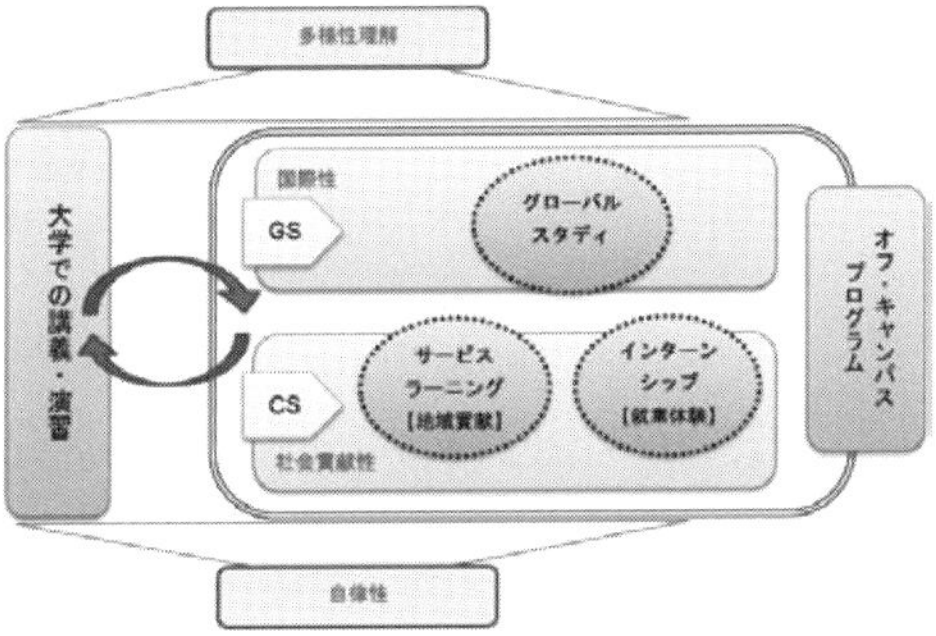

3.2　KUISにおける国際教育交流プログラムの現状と課題

GSの各プログラムを運営している関係者に、国際教育交流プログラムの現状と課題についてヒアリングした結果、次のような点が明らかになった。

まず、GSの中心的な取り組みである短期海外研修プログラムに関しては、優秀な学生ほど海外での履修負担を懸念して高度なプログラムより、初心者レベルのプログラムを選択する傾向があること。また、交換留学などの長期海外研修プログラムについても、就職活動への影響等からか興味・関心のある学生がそもそも少ないこと。加えて、募集要件に合致した学生自体が少ないという現状があること。さらに、留学中に留学先の文化や考え方の違いに戸惑い、深刻なカルチャーショックに陥る学生も多いことなどである。

このように、大学が当初期待していた海外留学の成果が必ずしも得られず、想定外の課題が発生していることが判明した。そこでKUISでは、これらの課題に対してさまざま対応策を考え、実行に移している。例えば、海外留学に対して、興味・関心以上に不安が上回ってカルチャーショックに陥りそうな学生に対しては、留学中にあっても多様な連絡手段を媒介に精神的な支援を行い、さらに帰国後の報告会でも、敢えてその留学中の心理体験を発表させることで、自身の不安体験を言語化させ、内面で起きている変化を外化させることにより、自分自身を見つめ直させる機会に繋げている。また、優秀な学生が安易に初心者レベルのプログラムに流れないように、将来海外で活躍できるグローバルリーダーを育成することを目指した特別な教育プログラム「ＫＵＩＳオナーズプログラム[5]」を2017年度から導入している。このプログラムは、４年間にわたり、オナーズメンターによるチュートリアル方式[6]での指導を継続的に行うとともに、課題発見・探求型の教育プログラムを各学年にバランスよく配置し、これらを計画的に履修させることにより、真のグローバルリーダーを育成することを目指している。

本章では、ＫＵＩＳにおける教育プログラムを一つのモデル事例として概観してきたが、次に海外に目を移し、米国の大学における海外留学の現状と課題、そして対策についてみていこう。

4．米国における学生の海外留学の現状と課題

米国国際教育研究所（以下、ＩＩＥ調査：Institute of International Education）が２０１５年11月に公表したアメリカ人学生の海外留学者数の推移（図３）によると、２０１３年度中に単位修得を目的に米国から海外の大学に留学したアメリカ人学生は30万４

４６７人であり、対前年比5.2％の増加となっている。この割合は、２００８年以降で最も高い増加率となっている。

　留学先としては英国、イタリア、スペイン、フランスなどの欧州諸国が多い。ただし、最近ではメキシコ、チリ、ペルーなどのラテンアメリカへの留学も増えている。さらに近年、単位修得を目的としないインターンシップやボランティア、サービス・ラーニング等の従来の海外留学とは異なる、いわゆる国際教育経験を得るための海外留学も増えている。ＩＩＥ調査によれば、２０１３年度にこのタイプの海外留学を経験したアメリカ人学生は２万２１８１人であった。このように、一見すると米国では若者たちが海外留学に積極的に取り組んでいるように見えるが、福井（２０１５）によれば、米国の大学に在籍する学生のうち卒業までに海外留学を経験する学生の割合は10人の内１人に過ぎず、留学経験がない学生が想像以上に多いことを明らかにしている。連邦政府はこの傾向を不安視し、アメリカ人学生の国際競争力の向上や、米

図３　アメリカ人学生の海外留学者数の推移 7)

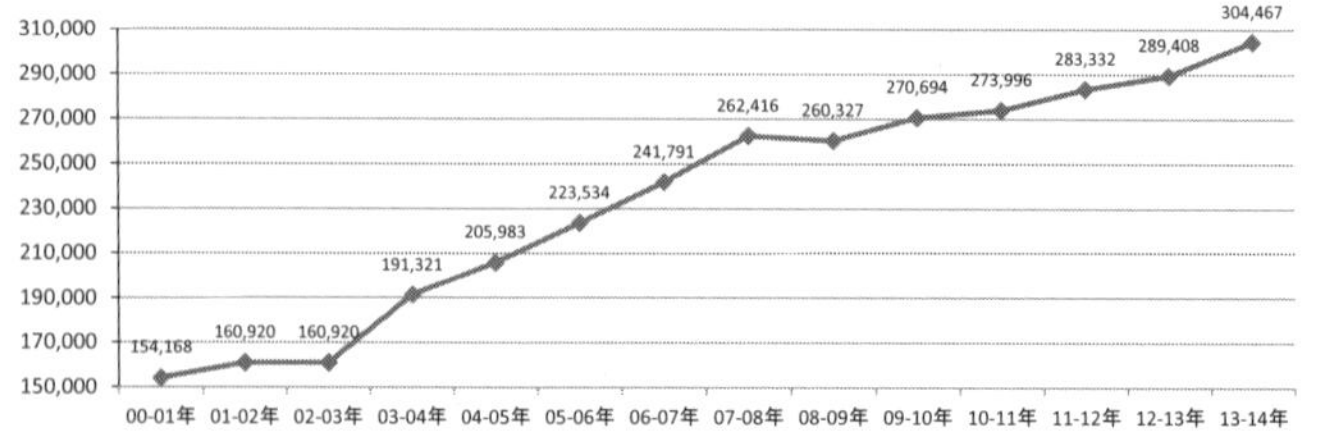

国が教育外交を通じた戦略的重点国家になることを目指して、アメリカ人学生の海外留学を強化する政策を展開している。代表的な政策としては、2010年から2014年までの5年間に10万人のアメリカ人学生を中国に留学させた「100,000 Strong China」計画がある。また、2014年にIIEが産官学協働で立ち上げた「Generation Study Abroad（以下、GSA）」がある。GSAは2011年度時点で29万5000人に留まっているアメリカ人留学者数を2019年までに60万人に倍増させることを目標としている。特にGSAでは、従来から海外留学に参加できなかった層であるスラム街出身者や人種的マイノリティの学生たちの海外留学を積極的に支援している。そこで、気になるのが、GSAが日本の「トビタテ！留学JAPAN」と非常に似通った政策である点である。連邦政府も日本と同様に、米国人学生の海外留学を積極的に支援しようとしているようである。また、福井（2015）は、米国の2つの私立大学における海外留学の現状と課題を調査した結果、各大学では学生が海外留学に行けるような環境作りが戦略的に行われていることを明らかにしている。学生ローンが社会問題になるほど米国の大学の授業料は高いことがよく知られており、そのため米国人学生たちは費用が嵩《かさ》む海外留学を敬遠しがちであると一般的に考えられがちであるが、実際には、米国では国および大学が海外留学にかかる経費を軽減できるさまざまな経済支援を行っている。その結果、従来、海外留学に参加できなかったような学生でも海外留学機会に恵まれるようになってきている。

このように、大学および連邦政府が海外留学のハードルを下げる努力をしている点や、インターンシップやサービス・ラーニングといった大学卒業後のキャリアに活かすことができる活動を正規カリキュラムに取り入れている点により、海外留学への意欲を高め、ひいては米国人学生の海外留学者数増加に繋げていることがわかる。

5. 日本人学生の海外留学を阻害する諸要因

これまで見てきたように、日本だけでなく米国にあっても大学生の「海外留学離れ」は深刻な問題となっている。そして、留学に関わる多額の経費負担といった要因から考えれば、海外留学を阻害する要因が日米で大きく異なるものとは思えないこともわかった。しかし、日米の大学生の海外留学者数の推移はこれまでみてきたように、異なる傾向を示している。では、なぜ日本人学生は米国人学生より海外留学に後ろ向きなのだろうか。これに関して、太田（２０１４）は、「就職活動の早期化と長期化」、「単位互換（認定）制度の未整備と学事暦の違い」といった日本固有の事情に基づくと指摘している。そこで、ここでは就職、経済状況、大学の教育体制といった項目を取り上げ、海外留学を阻害する要因についてあらためて考えてみたい。

5.1 就職

現在（2018年時点）の就職活動は、大学3年次の3月に企業の採用に関する広報が始まり、4年次の6月から採用選考活動が始まる。この仕組みの下では、長期の交換留学は留学期間（一般的には3年次秋から4年次夏までの1年間）が、就職活動時期と重複し、就職活動の機会を逸する可能性がある。つまり、学生にとって長期の海外留学は、日本固有の雇用（採用）慣習である「新卒一括採用」を考慮した場合、リスク要因になりかねない。特に、2008年のリーマンショック以降、雇用環境が悪化する状況が長く続いたため、安定した就職先を早めに確保したいという学生や保護者の意向が強く、長期の海外留学を躊躇させる要因の一つになっている。その結果、海外留学よりも公務員試験対策や職業資格取得のための勉強を優先させる傾向があるようである。

5.2 経済状況

海外留学には多額の留学資金が必要である。アメリカの多くの有力大学では、私立の1年間の学費（諸経費を含む）が3万ドルから4万ドル、州立大学でも留学生向け学費は2

万ドルから3万ドルになっている。これに現地での生活費を含めると、留学に必要な年間経費は5万ドルを超えてしまう。現在、我が国は景気回復基調（2018年時点）にあるとはいえ、これまでの長引く景気低迷の中で一般家庭の可処分所得が増えない状況が長く続いている[8)]。そのような状況下では、留学費用の捻出を家計に依存することはかなり難しい状況にあると言わざるを得ない。

5.3 大学の教育体制

交換留学や短期留学を通して苦労して修得した単位が、日本の大学では認定されにくいという問題がある。2013年の文部科学省高等教育局の調査では、2011年の国外の大学との交流協定に基づく単位互換制度を導入している大学は全体の44%と、2009年の34%に比べて大きく上昇していることを明らかにしている。しかし、単位互換制度があっても海外の大学との単位積算方法や授業時間数、評価基準等の違いから海外の大学で修得した単位が日本の大学で必ずしも認定されるわけではない。また、海外の大学で是非その科目を学びたいという思いで留学し、苦労して単位を修得したにも関わらず、帰国後所属大学のカリキュラムに互換できる科目がないという理由だけで単位認定の対象外とされてしまう場合もある。その結果、最悪の場合、単位不足で留年してしまう危険もある。特に、単位認定の経験や歴史が浅い国立大学ではこのような事態に陥るケースが多く、単位認定の審査や手続きを見直していく必要がある。

さらに、諸外国とのアカデミック・イヤー（学事暦）の違いも、日本人学生の海外留学を阻害する要因となっている。例えば、サマープログラム[9]は、一般的に海外の大学では6月から7月にかけて行われるが、日本の大学ではこの時期は学期中であり、期末定期試験の実施時期とも重なるため、日本人学生は参加しにくい。海外の大学との学事暦の違いにより、国際学生交流が阻害されるという事態を打開しうる柔軟なカリキュラム設計が要となるゆえんである。

6．問題解決の視点（結語に代えて）

本稿では、本書の基調音でもある「グローバル化」を、「大学教育のグローバル化」として捉え、グローバル人材育成のあり方について検討を行ってきた。本稿の中で紹介したグローバル人材育成に対するKUISの国際教育交流プログラムは、他大学も参考にすべき先進的取組である。しかし、そのようなKUISにあっても、「新卒一括採用」という日本固有の雇用慣習がグローバル人材の育成を阻害する大きな要因の一つとなっている。

このことは、かつて東京大学が大学教育のグローバル化を目指して秋入学の導入を試みたが、就職活動や医師国家試験・教員採用試験といった日本固有の社会システムに与える影響の大きさから断念せざるを得なかったことを改めて想起させる。そこで、留学中でも就職活動に参加できるような仕組みを官民一体となって構築していくことを提案してみたい。

求人企業は留学先からインターネットを利用した「ネットエントリー」や「ネット面接」を制度上可能にするとともに、厚労省や外務省等の行政機関は、海外における企業説明会の開催や、就職支援窓口の設置等を行い後押しする。これにより、日本人留学生が海外に居ながらにして就職活動や勉学に安心して取り組むことができるようになる。すでに民間の就活支援企業「マイナビ」では「マイナビ国際派就職」というサイトを運営し、多数の日本企業情報を海外から閲覧できるようにしている。また、さまざまな条件を組み合わせることで留学生の希望に合った企業を検索できるようにもなっている。さらに、グローバル人材・バイリンガルのための就職イベント「マイナビ国際派就職EXPO」をアメリカで定期的に開催し、日本企業の人事担当者と現地で直接、面談できるようになっている。

いずれにせよ、産業・経済の急速な高度化・グローバル化が進行する中で、我が国が現在の豊かさを今後も享受し続けるためには、「世界の中の日本」を今一度、明確に意識するとともに、本稿でも示したように国際比較により浮き彫りになったグローバル人材育成の歪みを一刻も早く解消する必要がある。そのためには、日本固有の社会システムをグローバル化時代に対応したものに再構築するための議論を深めるとともに、大学における柔軟なカリキュラム設計が必要となろう。

【注】

（1）旺文社教育情報センター調査によると、2017年4月時点で全国の大学にあるすべての学科を70の学問分野に分類し、多い順に並べた結果、「国際関係学・国際文化学」は294学科で5位となっている。

（2）高等学校卒業から大学への入学、あるいは大学卒業から大学院への進学までの期間のこと。欧米の大学の一部では、この期間をあえて長く設定し、その間に大学では得られない経験をすることを推奨している。

（3）文部科学省（http://www.mext.go.jp/a_menu/koutou/ryugaku/__icsFiles/afieldfile/2017/12/27/1345878_02.pdf）が発表した資料（平成29年12月）を参照した。OECD加盟国については、OECDが公表している「図表でみる教育（Education at a Glance2015）」、その他の国・地域については、ユネスコ統計局による統計やIIEの「Open Doors」等の公表された数値が元になっている。

（4）KUISではGSを2011年から導入し、4年間（2011年～2015年）で1194名の学生がGSの各種のプログラムに参加している。なお、GSの初回参加プログラムの渡航費（航空運賃）は大学が補助することになっている。

（5）オナーズプログラムは、「オナーズプログラム特別奨学金」の支給、海外短期プログラムや1年間（または半年間）の海外交換留学に対する優先制度、自分の関心に沿った課題探求型科目等の履修（4単位～16単位）、「オナーズメンター」によるチュートリアルでの指導といった特徴を持っている。

（6）チュートリアル方式とは、少数の学生・生徒に教師が集中的に教えること、あるいは、教師と学生・生徒との1対1の教育方法を指す。

（7）IIE HP (http://www.IIE.org/en/Research-and-Publications/Open-Doors/Data) を参照した。

（8）勤労者世帯を対象にした世帯主の産業・勤め先企業規模別統計によれば、平均1か月間の可処分所得は、２００１年は41万９５０５円であるのに対して、２０１０年は38万９８４８円であり、7％減少している。

（9）サマープログラムとは、夏休みや春休みなど、高校や大学の休みを利用して留学をしてみたいという学生・生徒のための短期留学のこと。

【参考文献】

太田浩「なぜ海外留学離れは起っているのか」、教育と医学59号、pp.68-76、２０１１年１月

福井かおり「アメリカにおける学生の海外留学促進への取り組み」日本学術振興会『国際協力員レポート』、２０１５年

文部科学省「大学のグローバル化に関するワーキング・グループ」報告、２０１４年
(http://www.mext.go.jp/b_menu/shingi/chukyo/chukyo4/036/index.htm)

山下泰生・陳那森「グローバルリーダー育成を目的とした教育プログラムの展開」、日本教育情報学会第33回年会発表資料、２０１７年

第9章　非母語話者同士の英語コミュニケーション

―現代に探るその新たな効用―

【西村　厚子】

1．語学教育におけるネイティブ至上主義

現在、世界の英語使用人口の78％は非母語話者であると言われており[1]、グローバル時代の英語は国際補助語（international auxiliary language）および非母語話者同士の共通語としての役割が重要性を増しつつある。そのような世界情勢に配慮して、日本の学校教育で扱われる英語教材も随分と多様になりつつあるが、それでもアメリカ英語やイギリス英

語への偏りは拭い去れない。とりわけオーラルコミュニケーションにおいては、母語話者とのコミュニケーションを偏重するネイティブ至上主義が依然として根強く、英会話の教員は母語話者であるべきとの認識が学習者・教員の両者に見受けられる。英会話スクールではネイティブの指導を強調し、検定教科書はアメリカ英語をモデル発音とし、大学のオーラル担当教員の多くが英国人や米国人をはじめとする英語母語話者である。学生対象のアンケート調査（2018年4月実施）では、67%（85名中57名）が「英会話を実践練習する相手として英語母語話者（ネイティブ・スピーカー）を希望する」と回答している。

一方で、母語話者（コミュニケーション強者としての教員）と非母語話者（コミュニケーション弱者としての学習者）という上下関係は、心理的圧力や心理的距離を作り出し、教室での自由なアウトプット（主にスピーキング）の阻害要因となり得る。このような心理的圧力を取り除き、より多くのアウトプットを引き出すためには、非母語話者同士の対等なコミュニケーションが有効であると仮定し、筆者の授業では日本人学生と英語を母語としない留学生の交流の場を設け、非母語話者同士による英語コミュニケーションを試みてみた。本稿では、学生に対して行ったアンケート調査の結果を手掛かりに、非母語話者同士の英語コミュニケーションの意義を検証してみることにする。

2．コミュニケーション強者としての英語母語話者

実際にネイティブピーカーによる英会話の授業を覗いてみると、学生たちの発話は必ずしも活発ではなく、教員の問いかけに黙り込む場面も目にする。学生対象のアンケート（2017年8月実施）では、67名中30名が英会話の授業において、「間違い（文法・語彙・発音など）に対する恐怖心や心理的プレッシャーのために英語で発言し辛かったことがある」と回答している。スピーキングの上達には積極的なアウトプットが必須であるが、学生のコメントには「母語話者と話す際、英語をスムーズに話すことができないことを恥ずかしく思い、積極的に話すことができない」「ネイティブの先生と会話するときに、発音や文法が気になって質問がしづらかった」などとあり、英語母語話者（教員）と非母語話者（学生）が、コミュニケーション強者（対象言語において適切な表現方法を知る者）とコミュニケーション弱者（的確な表現方法がよくわからない者）という上下関係にあることがわかる。

２０１６年の TOEFL iBT 国別スコア比較において、日本人のスピーキング力は１７２か国中の最下位である。この状況を打破すべく、コミュニケーション実践の場を作り出し

て学生たちからより多くのアウトプットを引き出し、オーラルコミュニケーション能力を強化することは、日本の英語教育における大きな課題である。しかしながら、「授業中は静かに先生の話を聞くように」と長年に渡って教えられてきた日本人学生は、受動的な学習に慣れており、昨今アクティブラーニングが英語教育にも取り入れられつつあるとはいえ、自発的かつ積極的なアウトプットを求められることに戸惑いを感じる者も少なくない。

前述のアンケートでは91%の学生が「間違いに対する恐怖心やプレッシャーが軽減すると、英語が話しやすくなると思う」と答えており、心理的圧迫の除去がアウトプット促進への大きな鍵であることが窺える。このことに対する一つの解へのヒントとして、61%が「外国人と英語で話す場合、相手が英語非母語話者であることによって、間違いに対する恐怖心や心理的プレッシャーは軽減すると思う」と答えている。「両者とも日本語ができない前提とした場合、英語母語話者と英語非母語話者のどちらが話しやすいと感じますか」という問いについても非母語話者（43%）が母語話者（36%）を上回った。理由として「言語的に自分と対等な立場なので、母国語話者より話しやすいと感じる」「英語非母語話者の人は、私たちが英語を間違った場合も寛容な態度で接してくれると思うから」などが挙げられた。

3．非母語話者同士の英語コミュニケーション

前述の調査結果を踏まえて、筆者の授業では、母語の異なる英語の非母語話者同士（例：日本人学生とマレーシア人留学生といったように）の交流の場を設定し、10年以上に渡って各国の留学生と日本人学生との英語コミュニケーションの実践の場を提供してきた。母語話者と非母語話者の上下関係から生じる圧迫感や心理的距離を取り除き、対等な関係性の中でより自由なアウトプットを引き出すには、非母語話者同士のコミュニケーションが有効と考えるからである。２０１７年度はアジア（マレーシア、バングラデシュ）、アフリカ（ベナン、ガンビア）、欧州（フランス、スイス）の留学生を迎え、３クラスで交流を実施した。交流の内容は、留学生と日本人学生の相互インタビュー、留学生（及び日本人学生）による研究発表、留学生による英語の講演などを含む。

交流後に行ったアンケートにおいて、97％の学生が「今後も留学生と交流する機会を持ちたい」と答え、英語による異文化間コミュニケーションを肯定的に捉えている。また、93％が「現代グローバル社会における英語は母語話者と話すための〈英米語〉を超えた〈国際語〉及び〈世界語〉であることを、留学生との交流によって実感できた」と回答してい

ることから、国際補助語としての英語の役割を大いに実感できたものと考えられる。自由記述欄には「非母語話者同士でも英語を話して色々な国の人との交流ができるのだと実感しました」「英語というのは単なるツールのひとつであり、私たちが本当に望むことは、意思の疎通にあることがわかりました」といった感想

相互インタビュー風景

グループワーク風景

が書かれていた。

また、留学生との交流を体験したほぼ全員が、「視野を広げ、新たな文化について知る機会になった」（99％）、「異文化への興味が増した」（97％）、「英語で話す動機になった」（93％）と回答しており、「世界共通語の英語を学んでいる者同士であれば、コミュニケーションをとることができるとわかった」との意見も見られた。様々な文化圏の若者たちと英語で交流する機会を学生たちに提供することにより、英語をツールとして世界とつながり、英米の枠を超えて国際社会を理解するきっかけを作ることができるのである。

法務省の発表（２０１８年3月27日）によると、２０１７年の在留外国人数は過去最多を記録し、昨今では留学生比率が急増した大学も多く見られる。在日留学生はアジアを中心に英語の非母語話者が大半を占めることから、非母語話者同士の英語コミュニケーションを実現する機会は多い。上記交流授業の成果をヒントとし、非母語話者留学生と日本人学生をコミュニケーション・パートナーとしてマッチングするなど、非母語話者同士の英語コミュニケーションの場を学校や地域社会においても積極的に設定してみたいものである。

4. 国際補助語としての英語へ

近年、Braj Kachru（1982）の“World Englishes[2)]”に象徴されるように、英語の多様性について徐々に認知度が高まりつつある。学生たちの就職後の職場環境を考える上でも、彼らが社会で実際に英語を運用する相手は、その多くがネイティブ・スピーカーではなく、アジア、アフリカ、中東などを含む英語非母語話者の同僚、上司および顧客であろう。英米偏重の異文化理解になりがちな英語教育において、よりバランスのとれた視座を養い、学生たちの視野を広げる上でも、非母語話者同士の共通語として英語のコミュニケーション実践の場を増やしていくことは、グローバル時代ならではの英語教育への要請ではないだろうか。

2016年にJETプログラム（The Japan Exchange and Teaching Programme）のフィリピン人ALT（Assistant Language Teacher）採用が本格化し、昨今はセブ島への語学留学やフィリピン人講師とのオンライン英会話にも人気が集まりつつあるが、これまで述べてきたような視点から、今後は費用の廉価さ以外の利点も認識されていくのではないだろうか。また、アジア諸国のエンジニアたちが既に数多く日本企業で活躍していることもあり、理工系の学部では国際補助語としての英語の必要性がより現実味を帯び、非母語話者と英語で交流することへの抵抗感が比較的少ないとも言われる。そのような状況下にありながら、英語母語話者は東京に集中し、非母語話者の英語教員の受け入れは専ら地方が請け負っているとの見方もある。今後は日本社会全体で、グローバル時代ならではの英語の位置付けを見つめなおし、現時代的な意義を再確認していきたいものである。

【注】

（1）Neeley, T. (2012). Global Business Speaks English. *Harvard Business Review*, May 2012. https://hbr.org/2012/05/global-business-speaks-english

（2）Kachru, B.B. 1982. *The Other Tongue: English across Cultures*. University of Illinois Press.

第10章　もうひとつのグローバルコミュニケーション
―「やさしい日本語」のすすめ―

【伊東 田恵】

1．はじめに

グローバル化の波が押し寄せる中、文部科学省は小学校英語教育の早期化・教科化を実施し、初等中等教育段階から英語教育全体の抜本的充実を図っている。外国語によるコミュニケーション能力が、一部の業種や職種に片寄らずに生涯にわたる様々な場面で求められることを想定した教育政策の一環である。ボーダレス社会で生き残るために産業界から「グローバル人材」の育成が強く求められ、教育もそれに応えて英語力向上の施策を打ち出してきた。異なる言語や文化的背景を持つ人々とのコミュニケーション力はグローバル時代に必須の力である。今まで日本では語学の授業以外で外国人と出会う機会も少なく、異文化間の対話による相互理解の経験そのものが不足していたこともあり、そのような点からも海外留学が推奨されてきた。しかし、ここ数年で国内の状況は大きく変わってきている。定住者を始めとして、留学生、訪日旅行者、技能実習生など外国人の短期・長期滞在者数が急増しているのである。彼らとのコミュニケーションを通じて異文化間コミュニケーションの経験知を得ることが可能となった。とはいえ、これらの外国人が皆英語を話せるというわけではない。しかし、彼らとのコミュニケーションのための「共通語」は存在する。それは「日本語」である。日本語と言っても私たちが日々使用する「国語」としての日本語ではない。「やさしい日本語」という新たな形態の日本語である。本稿では「やさしい日本語」によるコミュニケーションを考察し、改めてグローバル時代の異文化間のコミュニケーションスキルについて考える。

2.「やさしい日本語」によるコミュニケーション

2.1 「やさしい日本語」とは

法務省の統計では、2017年度末の在留外国人数は256万人を超え、過去最高を記録した。国立国語研究所が在住外国人を対象に行った『生活のための日本語』に関する全国調査では、「日本語ができる」とした回答者の平均は62・6％であり「英語ができる」（44・0％）を上回った[1]。国内で在住外国人との意思の疎通のために最も適した言語は実際、日本語である。日本は、少子化による人口減少に直面し、深刻な人手不足から外国人の労働力の受け入れ拡大へと舵を切った。今後、外国人人口は増加の一途をたどるであろう。そこで非日本語母語話者とのコミュニケーションのための言語として、急速に広がりつつあるのが「やさしい日本語」である。

本稿で述べる「やさしい日本語」は、「一般に使われる日本語よりも簡単で、だれにでもわかりやすい平易な日本語」を意味する。非日本語母語話者である外国人のための言葉を指す場合が多いが、この「だれにでも」に、子ども、高齢者、障がい者なども含むとする動きが広がっている。具体的に何をもって「やさしい日本語」と称するかについては様々な議論がある。「やさしい日本語」には体系化された語彙や文法などは特に存在せず、現在は日本全国の自治体・支援団体・研究者などによってそれぞれの運用に即した定義や体系が提案され、マニュアル化されている。言語的には、小学校3年生程度の文法や語彙を使用し、書き言葉においては、振り仮名を付ける、分かち書きにするなどが共通で推奨されている。「やさしい」は、「易しい（easy）」と「優しい（kind）」の意味を掛けていて、相手を思いやるコミュニケーションの一形態であることは間違いない。

2.2 「やさしい日本語」の4つの展開

「やさしい日本語」は1995年の阪神・淡路大震災をきっかけに考案された。震災で被災した外国人が、日本語の情報が理解できず困難な状況にあったことがその後の調査から明らかになり、災害時に緊急の情報をいち早く効果的に伝えるために、外国人にもわかりやすい言葉として「やさしい日本語」が弘前大学の佐藤和之教授らにより提唱された。以後「やさしい日本語」は、多文化共生社会を目指す日本社会で発展し、現在様々な展開を見せている。

「やさしい日本語」の第1の展開は、減災のための「やさしい日本語」であり、災害時の情報提供のための言語である。緊急時に外国人も適切な行動が取れるよう「津波」は「とても高い波」に、「避難する」は「逃げる」にするなどの言い換えが推奨される。既に多くの自治体が災害時の「やさしい日本語」での情報発信に対応している。

第2の展開は「平時の情報提供」である。庵功雄氏（一橋大学教授）の提唱する「やさしい日本語」は、生活のための日本語教育や、地域社会の共通言語としての役割を担う。地域のゴミの出し方に代表されるような生活のための地域住民とのコミュニケーションを始めとして行政、医療・介護・福祉、産業に広く必要とされる。市役所や医療機関などにおける在住外国人と日本人職員のコミュニケーション、EPA外国人看護師・介護福祉士候補生[2)]と日本人職員とのコミュニケーション、外国人技能実習生と日本人従業員とのコミュニケーションなど、「やさしい日本語」が必要とされる場面は多岐に渡る。横浜市は、外部有識者と協力して「やさしい日本語」を作成するための基準を作り、公文書の表現スタイルの改定を推進している。東京都は、「言葉のバリアフリー」を目指して多言語対応の強化・推進のために多言語対応協議会を発足させた。ポータルサイトには、「やさしい日本語」のページも設けられている。

第3の展開は、インバウンド旅行者対応を目的とする観光のツールとしての「やさしい日本語」である。地域活性化、雇用機会の増大など経済成長のための原動力として、政府は「観光立国」を目指した活動を幅広く推進している。2017年度の訪日観光客は2869万人（内、86%がアジアからの訪日者）を突破した。政府は2020年には4000万人、そして2030年には6000万人の大幅増を目標に掲げている。

福岡県柳川市では、年間訪れる15万人の外国人観光客のうち、台湾からの来訪者が半数を占めるという。その台湾人観光客を主たる対象として、2016年から「やさしい日本語」で旅行者へ「おもてなし」をする活動に取り組み始めた。広告代理店電通が、2016年に台湾人1000名に調査を行ったところ、回答者の約4割が少し日本語を話せ、また約6割が「日本語を話したい」と回答した[3)]。そのため市はボランティアを含めた観光従事者向けの研修会を継続的に開いたり、「日本語を話したい外国人」と「やさしい日本語を話せる日本人」のそれぞれが着けるバッジを作成して訪日観光客と市民との「やさしい日本語」によるコミュニケーションの橋渡しを行っている。

「やさしい日本語」の第4の展開は「報道」である。「やさしい日本語」は災害時や地域社会での生活のための情報提供やコミュニケーション・ツールを超え、報道にも広がっている。NHKは、急増する外国人人口と外国語での情報発信の限界を見越して「やさしい日本語」によるニュースの提供をウェブサイト“News Web Easy”を開始した。対象を「中級準備レベルの外国人」と「こども」を想定して発信を行ったところ、日本語学習者から大きな反響があり、障がい者からも期待の声が寄せられたという。

2.3 「やさしい日本語」への換言法

「やさしい日本語」への言い換えや作成マニュアルは現在多くの自治体から発行されている。また、語彙研究や自動変換システムの研究も盛んに行われており、「やさしい日本語」の作成支援ソフトや公文書作成支援システム、「やさしい日本語」への換言辞書や日本語チェッカーなどのツールが大学の研究者らにより開発、公開されている。具体的な変換方法の要点を以下にまとめた。

1. 内容を整理し、伝えたいことを前に出す
2. 一文を短くし、簡単な文法を使う
3. 難しい言葉は簡単な言葉に置き換える（敬語は使わない）
4. 漢字には振り仮名を振り、文は分かち書きにする
5. 写真やイラストなどをつける

たとえば、「公共交通機関」は「電車やバス」、「粗大ごみ」は「机やいすなどの大きいゴミ」

「拝見する」は「見る」に変えるなどである。

次に、上記の変換方法を使用した換言例として、「災害時のラジオ放送」と「デパートの館内放送」を紹介する。

〈例1〉災害時のラジオ放送[4)]

けさ7時21分頃、東北地方を中心に広い範囲で強い地震がありました。大きな地震の

あとには必ず余震があります。引き続き厳重に注意してください。

今日《きょう》　朝《あさ》　7時21分、　東北地方《とうほくちほう》で　大《おお》きい　地震《じしん》が　ありました。

大《おお》きい　地震《じしん》の　後《あと》には　余震《よしん》〈後《あと》から　来《く》る　地震《じしん》〉が　あります。

気《き》をつけて　ください。

「余震」は「後から来る地震」、「引き続き厳重に注意」は「気をつけて」と簡略化され、

日本語に慣れない外国人にもわかりやすい日本語になっている。「余震」などの災害時に

よく使用される語彙はそのままにし、言い換えを付記するとされる。

〈例2〉デパートの館内放送[5)]

本日は、名愛デパートにお越し下さり、誠にありがとうございます。ご来場のお客様に落し物のお知らせをいたします。青と水色のチェックのマフラーをお預かりしていいます。お心当たりの方は、1階受付までお越しくださいい。

名愛《めいあい》デパートからの　お知《し》らせです。
青《あお》い　マフラーの　落《おと》し物が　ありました。
マフラーを　落《お》とした人は、1階《かい》の　受付《うけつけ》に　来《き》て　ください。

情報は整理され、敬語の使用が控えられている。その他にも漢語やカタカナ語は和語に置き換える、専門用語を日常的な言葉に言い換える、擬音語を避ける、などが推奨される。

3. 「やさしい日本語」と日本語母語話者の役割

「やさしい日本語」は日本語学習者が獲得を目指す言語ではなく、日本語母語話者が意思の疎通のために相手の理解に合わせて自身の言語を調整する、すなわち対話の相手へ歩み寄るためのツールである。アメリカやイギリスに渡航した経験がある人は、教室でネイティブの教員が話す英語は分かるのに、現地の人の英語はよく分からなかった、という経験はなかったであろうか。これは話し手が相手に対して自分の言葉を調整しているか否かの違いによるものが大きい。母語話者が非母語話者との接触時に相手の語学習熟度に合わせて自身の言語を調整して話す言葉は、「フォーリナー・トーク（foreigner talk）」として知られている。語学教師の更に分かりやすい話し方は「ティーチャー・トーク（teacher talk）」と呼ばれる。たとえば、母語話者同士でも、大人が子どもに問いかけるとき、多くは子どもの年齢に合わせて言葉を選択している。つまりは、言語の調整行動を取っているのである。「やさしい日本語」は言語的に優位に立つ者からの非母語話者への歩み寄りであり、相手の理解に合わせて臨機応変に言葉を調整する話し方である。これは、実際には語彙や文構造などの言語面の調整だけではなく、声の大きさや調子や速度などの発話に付随する非言語情報とジェスチャーや絵などの視覚的な非言語情報を積極的に活用することも含まれる。中国語圏の人々に対しては、漢字を示すことも効果的とされている。

4．内なる国際化のために

「グローバル」という言葉を考えるとき、我々は「海外」を思い描く。そして英語が流暢に話せるとか、海外留学などで異文化を経験したりすることが不可欠のような印象を持ってしまう。文部科学省が定義するグローバル人材の要素を要約すれば、豊かな語学力・コミュニケーション能力と、日本文化に対する造詣と日本人としてのアイデンティティーを持ち、合わせて異文化への受容力も高く、主体的、積極的に問題解決ができる人材である。「やさしい日本語」で積極的に外国人とコミュニケーションを取り、そこから得られる多様な学びや言語調整の技術はまさにグローバル人材になるために有益な経験となる。どのような相手に対しても臨機応変に言葉を調整して自分の意図を的確に伝えて説得する力は、グローバル人材に必須のコミュニケーション力と言えないだろうか。

前述した「やさしい日本語」への変換技術は、実は英語での会話にも広く応用できる。英会話が苦手な人の特徴の一つは複雑な日本語をそのまま英語に翻訳しようとしていることである。例えば、「公共交通機関でお越しください」という文（英語では、"Please use public transportation."）は、「公共交通機関」に当たる英語が咄嗟《とっさ》に思い浮かばなければ言葉に詰まってしまうだろう。しかしそこに「やさしい日本語」の考え方を適用すれば「電車やバスで来てください」でよいとわかる。これなら"Please come by train or bus."となり、中・高校生でも英語にすることが可能である。「やさしい日本語」への換言技術、すなわち難易度の高い表現を相手が理解できる簡単な言葉に調整する技術は、頭で思い描く複雑な日本語を、その意図を保ちつつ、自分が英語で言えるくらいに簡単な日本語に変換する技術と、同様であることに気づくであろう。

もちろん、グローバル人材の要素は言語やコミュニケーション力だけではない。日本人としてのアイデンティティーや自文化への理解も必須である。自文化を認識するためには、異文化を知ることが早道である。しかし、海外留学などは費用が高額であり、誰もが容易に経験できることではない。ならば国内の異文化に目を向け、国内の外国人を人的資源としてはどうであろうか。電通は国際交流基金と共同で、台湾に引き続いて香港と韓国で日本語学習者の調査を実施し、これらの国では3人いれば中の1人は日本語を少しでも話せる確率が約7～8割あると試算した。これら3ヶ国からの旅行者は2017年の全訪日旅行者の約半数を占める。また、年々増加する技能実習生は、来日前に日本語研修を受け、さらに来日後も1か月に渡る集合研修を受けてそれぞれの会社に送り出される場合が多い。「やさしい日本語」は、これらの人々とのコミュニケーション・ツールとして十分に機能する。国内の外国人と積極的に関わることで異文化を知り、日本を説明することで自身の文化への新しい気づきを得るだろう。伝統文化だけが日本文化ではなく、身近なマンガ、ドラマ、音楽などのポップカルチャーも、政府が「クールジャパン戦略」として世界に売り込む人気の日本文化である。英語ネイティブ用にオンラインで提供されているOxford English Living Dictionaries には、"kawaii"（カワイイ）という単語も収録されている。英語の学習者が洋画を字幕なしで見られるようになりたいと思うのと同様に、日本のマンガやアニメを日本語のまま楽しみたいと、日本語を学習する若い層がアジアを中心に世界中で増えている。日本の日常、たとえば街中にあふれる自動販売機や1分時刻に遅れただけで謝罪のアナウンスを繰り返す鉄道の駅といった、日本人にとっては当たり前の風景も、外国人にとっては驚くべき日本文化の一部なのである。

5. おわりに

インターネットの普及によって日本にいながら世界中の人々や国とつながることが容易な時代となった。「やさしい日本語」は「相互理解のための日本語」として、非日本語母語話者とのグローバルコミュニケーションのためのツールともなる。「やさしい日本語」

で街を行く観光客や、ＳＮＳを通じて海外の日本語学習者と、日本や彼らの国について語り、学んでみよう。その過程でもう一つのグローバルコミュニケーションとしての「やさしい日本語」がもたらす意外な効用に気づくことであろう。その結果、外国人が驚きと憧れを持って語る日本の文化に新たな誇りと新たな愛着を感じるかもしれない。２０１６年のリオデジャネイロオリンピックでは、日本の安倍晋三首相が人気ゲームキャラクター「スーパーマリオ」の姿で登場し、日本を大きく印象づけた。好調な日本経済やポップカルチャーが注目を集める中、日本もまた、外国人労働者の受け入れ拡大を表明し、その扉を世界に向けて大きく開こうとしている。本格的な多文化共生社会の到来である。そんな時代であるからこそ、相手を思いやる「やさしい」コミュニケーションが、国籍、民族、文化の違いを超えて協働できる社会を築く力となると信じている。

【注】

（1）岩田一成（2010）「言語サービスにおける英語志向 ―「生活のための日本語：全国調査」結果と広島の事例から―」『社会言語科学』13巻1号、pp.81-94。

（2）日本とインドネシア、フィリピン、ベトナムとの間で締結された経済連携協定に基づく外国人看護師・介護福祉士候補者。

（3）やさしい日本語ツーリズム研究会HPより。
(https://yasashii-nihongo-tourism.jp/2016/12/20/275)

（4）弘前大学佐藤和之研究室HPの『〈増補版〉「やさしい日本語」作成ガイドライン』内の例文に筆者がルビを追加した。
(http://human.cc.hirosaki-u.ac.jp/kokugo/ejgl-zouho.pdf)

（5）愛知県『「やさしい日本語」の手引き』内の例文に筆者がルビを振り、分かち書きにした。
(http://www.pref.aichi.jp/kokusai/easyjapanese/tebiki.pdf)

【参考文献】

庵功雄『やさしい日本語』岩波書店、2016年。

庵功雄、イヨンスク、森篤嗣（編）『「やさしい日本語」は何を目指すか』ココ出版、2013年。

第11章　病のボーダレス化、そして健康のグローバル化

―結核を切り口に考える「健康基盤型社会」へのシフト―

【酒井 太二】

1. 問題意識の設定

「グローバル時代」の一つの現象として国境を越えた人々の往来・還流が挙げられる。病《やまい》は人に付随する。したがって、人々が国境を超えるということは、同時に病も国境を越えるということである。そこで本稿では、国境を越えてわが国に影響を及ぼしている病の一例として結核を挙げ、それを切り口にボーダレス化する病に我々が対峙するためのコアと

なる考え方と来るべき社会について論じる。

2．結核は過去の病か

現在、わが国では、悪性新生物（がん）や心疾患などのいわゆる生活習慣病が主要な死因として挙げられ、かつて感染症が猛威を振るっていた時代とは大きく様変わりしている。しかし、グローバル化が進行する社会においては、感染症は未だ看過できない問題である。そしてその代表的な感染症の一つが「結核」なのである。

2．1　結核とは

「結核」という病の名を聞いて、読者諸氏はどのような印象を抱くであろうか。「昔蔓延《まんえん》した病気で、亡くなった人がたくさんいたらしい」「人から人へとうつる病気だが、現代医療ならば治せるらしい」「咳が長引いたら、とりあえず病院を受診した方がいいらしい」等々が、頭に思い浮かぶかもしれない。確かに、現在「結核」という病名に緊張感や危機感を持つ読者は、保健医療福祉関係者を除けば、さほど多くはないのではなかろうか。結核はかつて、我が国においては「国民病」「亡国病」と恐れられた病であり、１９４０年代の死因の第1位であった（厚生労働省、2017a）。よく昔のドラマや映画を見ていると、登場人物がゴホゴホと咳き込んで口に添えた手が真っ赤に染まり、その登場人物の死を予期させるようなシーンがある。あれはまさに、「結核」＝「死」を予兆させる描写に他ならない。そのような、当時の人たちに極度に怖れられた病であるが、現在では仮に罹《かか》ったとしても、適切に薬物治療を実施すれば完治する病になっている。また、結核は咳などに含まれる結核菌によって人から人に感染するので、公衆衛生の中核的な行政機関である保健所により管理されている。

2.2　我が国と諸外国の結核の動向

我が国の結核の蔓延状況は、諸外国と比較するとどうであろうか。表1は、我が国と諸外国の結核罹患率（人口10万対）を示したものである（厚生労働省、2016）。我が国の結核罹患率は2016年で13・9である。米国などの先進諸国の結核罹患率が軒並み10以下である「低蔓延国」であるのに比べ、我が国は「中蔓延国」に分類される。読者諸氏からすると意外に感じられるかもしれないが、我が国の結核の克服は未だに道半ばなのである。したがって、日本政府は数年後に控えた東京オリンピックが開催される2020年までに、我が国の結核罹患率を10まで引き下げたい考えである。一方、アジア諸国の罹患率はかなり高い水準にあることも分かる。我が国の近隣の国々では、結核が非常に蔓延しているのである。

次に我が国の「外国生まれ」[1)] 新登録結核患者数を表２に示した。２０１６年では、外国生まれ新登録結核患者数は前年よりも１７４人増加し１３３８人となり、これは新登録結核患者数全体の7.6%を占めている。また、年齢別で最も増加したのは20～29歳であり、前年から１４７人増加し７１２人となっている。これは20～29歳の新登録結核患者全体の57・７%をも占めてい

表１ 諸外国と日本の結核罹患率（人口10万対）

我が国と諸外国の結核罹患率（人口10万対）

国　名	罹患率	年　次
米　国	2.8	2015
カナダ	4.6	2015
オランダ	5.0	2015
オーストラリア	5.2	2015
デンマーク	5.6	2015
イタリア	5.8	2015
フランス	7.0	2015
ドイツ	7.0	2015
スウェーデン	8.0	2015
英　国	9.0	2015
日　本	13.9	2016
シンガポール	39	2015
中　国	58	2015
韓　国	75	2015
タイ	91	2015
ベトナム	108	2015
インドネシア	128	2015
フィリピン	275	2015

厚生労働省『結核登録者情報調査年報集計結果』より引用

る（厚生労働省、２０１６）。このような状況を反映し、急増する若い外国生まれ結核患者のコントロールこそが、国内の結核を減少させ、ひいては結核制圧の鍵を握っている（高柳、２０１６）という指摘もある。

さらに外国生まれ新登録結核患者を国別に確認してみると、前述の１３３８人の出生国別で最も多いのが、フィリピンで３１８人（23・８%）、次いで中国が２７２人（20・３%）、その次がベトナムで２１２人（15・８%）となっている。さらにその後にはネパール、インドネシア、ミャンマー、韓国、タイ、モンゴル、ブラジル、インドと続いている（結核予防会、２０１７）。ブラジルを除くそのほとんどが、表１で示した結核罹患率が高い

表２ 年齢階級別　外国生まれ新登録結核患者数

（括弧内は新登録に占める割合）

	2015年		2016年	
総　数	1,164	(6.4)	1,338	(7.6)
0～4歳	3	(10.3)	2	(7.7)
5～9歳	0	(0.0)	3	(27.3)
10～14歳	6	(46.2)	7	(31.8)
15～19歳	57	(35.0)	82	(43.2)
20～29歳	565	(50.1)	712	(57.7)
30～39歳	252	(22.9)	258	(25.7)
40～49歳	134	(9.8)	139	(11.3)
50～59歳	74	(5.5)	66	(5.1)
60～69歳	27	(1.1)	33	(1.5)
70～79歳	19	(0.5)	15	(0.4)
80歳以上	27	(0.4)	21	(0.3)

厚生労働省『結核登録者情報調査年報集計結果』の表から一部抜粋、下線は筆者が加筆

アジア諸国であることが分かる。

現在、グローバル時代の潮流の中にある我が国は、世界の様々な国との人々の往来・還流がなされている。特にアジア諸国との間でその傾向が今後ますます強くなっていくことが予測される。近隣の国々の高い結核罹患率や若い外国生まれ結核患者が多いことを踏まえると、もはや結核は「過去の病」とは到底いえない状況にあり、決して看過できない病であるといえよう。

3. 結核を切り口に考える望ましい保健対策とは

3.1 ハイリスク・アプローチの限界

我が国でとるべき結核への対策として、誰しもがおそらく最初に思いつくのは、結核が高いレベルで蔓延している国からやってきている外国人への適切な対応であろう。具体的には、彼らに対する結核検診の勧奨や、治療が必要となった際の徹底的な管理、結核に関する啓発の強化などが挙げられる。保健分野では、こういったリスクが高い者に対する働きかけをハイリスク・アプローチと呼んでいる。ハイリスク・アプローチの利点は、高いリスクを持った者だけに対象を絞って対策を行うため、個人への効果や費用対効果も高く、対象が限定されるので対策の手法を決定しやすいことである。その一方で、欠点も指摘されている。それは、このアプローチの成果が、ややもすると一時的になりがちで、効果の持続を期待しにくいことである。さらに、対象を絞るという特性上、効果は限定的にならざるを得ない。つまり、このアプローチの対象となった一部の者のみしか効果が得られないということになってしまうのである。病のボーダレス化が着々と進行しつつある我が国においては、このハイリスク・アプローチの欠点を補完するアプローチが早急に求められる。

3.2 「ファジーな」対策の可能性

それでは、ハイリスク・アプローチだけに依らない望ましい保健対策とは、いったいどのようなものであろうか。筆者は、「ポピュレーション・アプローチ」と「生活の確保」の導入が基本になると考える。

まず、「ポピュレーション・アプローチ」は、ハイリスク・アプローチとは大きく異なり、その対象を高いリスクを持った者だけに限定することなく、集団全体を対象とするという特質を有している。具体的に言えば、結核のリスクのある若い外国人労働者や外国人学生のみにアプローチするのではなく、彼らを含めた全ての人々、つまり労働者であれば正職員・非常勤・パート・アルバイトの全て、学生であれば学部生・大学院生・研究生など全てがアプローチの対象となる。結核などの感染症は国籍や役職を選ばない。したがって、健康に関する日常的な啓発といった保健対策を、全ての人々に対して行うことが肝要となる。

次に、「生活の確保」では、結核への特異的な対策のみではなく、あくまでも健康的な生活全般を保つための栄養・運動・休養などを確保できる環境や仕組みを整えることを行う。ともすると、健康的で安定的な生活を確保することは、個人の努力や心がけさえあれば事足りると、我々は思いがちだ。しかし、最も確実なのは、環境や仕組みを整えることで、「意識せずとも」それを確保できてしまうようにすることなのである。そのために行うべき具体的な対策は、対策とは認識されにくいほどのささやかな取り組みでも構わない。例えば、筆者が勤務する大学キャンパスの売店では、カップ麺の販売を一切行っていない。これも立派な対策の一つと捉えることができる。なぜなら学生の食生活を改善することの一助となっているからだ。このような対策は、それ自体決定的ではないが、まるで紙を何枚も重ねていくかのように数多く行われることで、確実かつ強靭な環境および仕組みへと質転換することが期待できるのである。また、何よりも職場や学校の中にあっては、「健康的な振る舞いを採ることが自然」であるという感覚や風土が醸成され、大きな効果へと繋がっていく可能性もある。このように、一見すると決定打とは思えないアプローチであっても、集団全体の健康はより持続可能なものになる。

以上の「ポピュレーション・アプローチ」と「生活の確保」を基本的な考え方におく対策は、いうなれば「ファジーな」対策と呼ぶことができる。ファジー（fuzzy）とは、人間の知覚・感覚・理解に伴う曖昧さ（広辞苑、２０１８）とされ、ぼやけていることや曖昧であること、0と1では分けきれないその中間的な状態を意味している。我々はとかく問題に対して明確な決定打を欲する。しかし、グローバル時代の中で多様な人々、多様な病に対峙する際に、それら一つ一つに決定打となる対応を模索していくだけで凌《しの》ぎきれるだろうか。外国人と日本人、病と健康を明確に区分して対策するのではなく、「ファジーな」対策をしていくことも、結局は現実的な有効性をもたらす可能性が高いと考える。

3.3　外国人による結核集団感染の一例

ここで、外国人労働者の結核集団感染として実際に保健所で結核業務に携わる知人の保健師から得た事例[2)]を一つ紹介したい。

東海地方にある小規模の工場で、6人のフィリピン人労働者が働いていた。彼らは皆20歳代で健康的な若者であった。昼間は日本人労働者に混じって勤勉に働き、夜間は工場が管理するアパートで共同生活をしていた。そんな時、彼らの一人が体調を崩し受診したところ、結核に罹患していることが判明した。その後、彼に日常的に接していた人々全員を対象として検診が実施され、ほどなくして他の2人のフィリピン人も結核に感染していたことが明らかになった。突然起こった集団感染によって、工場内に動揺が生じたことは言うまでもない。保健所では、3人の結核患者への服薬管理を行うとともに、工場の労働者全員を対象にした結核に関する健康教育などを行った。こうした「ファジー」な関わり方をした結果、結核の重症化や感染の拡大を防げたことは言うまでもなく、周囲からフィリピン人労働者たちへの不当な扱いが生じることなく、無事終息に至ったという。この事例は、適切な保健所の介入によって、日・比社員間に何のしこりを残すこともなく順調に解決した好例といえそうである。しかし、知人の保健師はこの事例について、さらに次のような一言を付け加えた。「実は、この事例の一番の立役者は、社長の奥さんだったんです」と。

この「社長の奥さん」は、工場の総務と経理を担当していた50歳代の女性で、知人曰く「どこにでもいそうなごく普通の中年の女性」だったそうである。彼女は、工場内で結核が判明したことに動揺を隠しきれない様子であった。そのため、知人は保健師として彼女の動揺や不安に寄り添いながら、それらを和らげることに丁寧に努めたという。その後、彼女は総務担当として工場内の対応にあたることになる。ただし、彼女が特別な大活躍をしたかといえば、むしろ逆で、これまでとほとんど何も変わらぬ振る舞いをしただけである。彼女は、工場の中で、これまで通りフィリピン人も日本人も分け隔てなく付き合った。また、フィリピン人社員が暮らすアパートの生活環境に目を配りつつ、時に母のごとく細やかに世話を焼いた。このような彼女の働きが功を奏し、次第に工場内には以前と同様の落ち着きが戻ってきたという。そして、この落ち着きがあったからこそ、その後の保健所の介入が順調に進んでいったというのである。

もし仮に、この工場でフィリピン人社員だけを対象としたハイリスク・アプローチが講じられていたら、どうであっただろうか。日本人社員によるフィリピン人社員への偏見や軋轢が生じたばかりか、日本人社員の間にさえもフィリピン人社員を擁護する者と非難する者が現れ、それが諍《いさか》いの原因ともなったであろうことは想像に難くない。

最後に知人は、結核対策では早期受診や患者管理の重要性は言うまでもないと断ってから、「けれど大切なのは、側面からの支援により得られる安心感や信頼感。それ自体が明確な効果を発揮できるものではないのですが、何よりも生活が安定することが重要なんです。」と振り返っていた。

4.「健康基盤型社会」へのシフト

現在の我々の社会は、少子高齢化や人口減少を迎えている一方で、国内の外国人労働者は増加の一途をたどり、今や約128万人を数える（厚生労働省、2017b）。外国人労働力への依存を選択せねばならないほどになっていることは、周知の事実である。言い換えれば、社会を持続させるために「外国人」という人的資源が、大変貴重になってきたということである。そして、この「外国人」に日本社会への機能貢献をしてもらうためには、「健康」が第一条件であるのはいうまでもない。筆者は、日本人・外国人を問わず、人が健康であることが、より重要な基盤となる未来の社会を「健康基盤型社会」と名付けたい。このような「健康基盤型社会」へのシフトは、実は既に始まっている。そして、そこで採られているのは、まさに「ファジーな」対策である。「ファジー」な対策は、未来の社会への鍵なのだ。

「健康基盤型社会」へのシフトの例を見てみたい。まず一つ目は、企業におけるシフトである。ここ数年でよく目にする言葉に「健康経営」がある。厚生労働省（2017c）は「データヘルス・健康経営を推進するためのコラボヘルスガイドライン」において、医療費削減のみならず、プレゼンティーイズム（Presenteeism：従業員が職場に出勤はしているものの、何らかの健康問題によって業務の能率が落ちている状況）等も含めた全体の健康関連コストの問題を考えていくことが、「健康経営」の基本的な発想であるとしている。外国人労働者を含む全ての労働者が、健康で互いを思いやり、最高のパフォーマンスを発揮してくれることこそが、企業の利益を最大化する。企業がコミュニティとして「健康基盤型社会」へシフトするのは当然の帰結だといえる。また、「健康経営」の考え方は「ファジーな」対策そのものである。おそらくこの動きは今後も加速するだろう。

次に二つ目は、日本政府におけるシフトである。政府は現在ユニバーサル・ヘルス・カバレッジ（Universal Health Coverage ／ UHC）を掲げ、全ての人が経済的な困難を伴うことなく保健医療サービスを受けることができる環境の構築を目指そうとしている。日本政府は、国民皆保険制度を途上国へ適応することを模索していくという。グローバル時代においては、他国の健康や発展が自国のそれらと益々不可分になっていく。博愛の精神だけではない、国境を超えて他国の健康を「我が事」のように取り組まねば、国益を守り続けることが困難であるという必然性が、その背景にあると考えられる。まさに「ファジーな」対策が必要なのだ。政府は、また、アジア健康構想も掲げているが、近隣のアジア諸国と共に「健康基盤型社会」へと今後もシフトしていくことだろう。

以上のように、「健康基盤型社会」へのシフトは始まっている。そして、このように「健康」を集団全体で実現する時にヒントとなるのが、前述した「ファジーな」対策だ。病や健康課題に応じて細かく先鋭化していく対策のみでは、ボーダレス化する病の克服やグローバルな健康社会を作り上げていく必要性に対峙した際に、その病の罹患率等が、各国間の軋轢や互いの差別感情・意識を生むこととなり、早々に限界に至ることが予測されるためである。

5.「ファジーな」対策が目指す「たおやかな」社会

「たおやか」という言葉がある。「たおやか」とは、しなやかであり優しくもあるという様のことを言う。筆者はさらにこの言葉の響きの中に、柔らかで力強い生命力のようなものも感じている。それは赤子のような柔らかさや生命力というよりも、健康で成熟した女性の持つ柔らかさや生命力だ。来るべき「健康基盤型社会」とは、社会全体で健康を実現する、まさに「たおやか」な社会である。本稿では「ファジーな」対策が、その一助となりうることを論じた。次の世代にも是非「たおやか」な社会を引き継いでいきたいものである。

【注】
（1）２０１１年までは「外国籍」新登録結核患者数であったが、２０１２年以降は「外国生まれ」新登録結核患者となった。ただし、出生国不明者は除かれている。
（2）関係者のプライバシーの保護や保健師の守秘義務を考慮して、事例の内容は一部変更している。

【引用文献】
公益財団法人結核予防会結核研究所疫学情報センター『結核年報』、結核発生動向概況・外国生まれ結核、２０１７
厚生労働省『「外国人雇用状況」の届け出状況まとめ』、２０１７b
厚生労働省『結核登録者情報調査年報集計結果について』、２０１６
厚生労働省『人口動態統計』、年次別にみた死因順位、２０１７a
厚生労働省『データヘルス・健康経営を推進するためのコラボヘルスガイドライン』、２０１７c
高柳喜代子『急増する外国出生者の結核、そのコントロールが国内結核の減少の鍵を握る』、日本胸部臨床、75（5）、２０１６
新村出編『広辞苑第七版』岩波書店、２０１８

第12章　進展する介護職のグローバル化

―日本型対応としての介護従事者受け入れ施策―

【榎本　佳子】

1．日本の介護従事者を取り巻く現状

我が国の高齢化率（65歳以上人口が総人口に占める割合）は、2016年現在、27・3%と世界で最も高い[1)]。さらに2025年には30%、2060年には40%にも達するとの予測もある。このような状況を見越してか、政府はいち早く2000年に介護保険法を制定し、実施に踏み切った。これにより、高齢者は施設に入所し、介護サービスを受けやす

くなった。そのため、介護へのニーズが急速に高まり、2000年には54・9万人であった介護従事者数は、2013年には176・5万人と3倍強に急増した。今後も2025年には253万人の介護従事者の需要が見込まれているが、それに対して供給見込みは215万人と、38万人の介護従事者が不足すると予測されている[2)]。そこで、政府は介護を担う代役として介護ロボット等の開発を推進しているが、介護は人対人の労働集約型の職種であり、その完全機械化には限界がある。この介護従事者不足の問題は、日本だけでなく、高齢化が進む欧米においても顕在化しており、介護従事者の確保は国際的に見ても喫緊の課題となっているようである。今や、日本も含め、多くの国々で介護従事者を外国人に求めざるを得ない状況が進展しており、一つの国の中で様々な国籍の人々が、介護従事者として働く時代が到来している。

2. 外国人介護従事者への期待

日本は、2008年から経済連携協定（Economic Partnership Agreement: 以下EPA）に基づき、フィリピン、インドネシアといった東南アジアから初めて外国人介護士候補者の受け入れを開始し、2018年には技能制度からも受け入れも開始した。しかし、こうした受け入れはあくまでも外国人に日本の技術を学んでもらい、帰国後に自分の国の介護技術の発展に貢献するという、いわば介護技術の輸出還元を目的とした「国際協力」の一貫であった。しかしながら、外国人介護従事者を受け入れる側の施設は、自施設で不足する介護職員の解消を外国人介護従事者に求めるケースもあり、国際協力という政府の大義名分とは乖離が生じていることが指摘されていた。EPAによる外国人介護福祉士資格取得者の数をみると、2017年には、210名（合格率50%程度）の外国人が介護福祉士試験に合格しており、2008年からの累計では1000人程度の外国人が合格している。しかし、この約1000人の外国人皆が介護福祉士として日本国内で就労しているわけではない。現在、EPAにより介護福祉士を取得した者の帰国率は、インドネシア人が36%と最も高く、次いでフィリピン人が19%となっている。このようにEPAにより認可された外国人介護従事者が帰国する主な理由に、労働環境や支援体制が整っていない点、日本文化になじめない点などが挙げられ、彼らの国内定着が今後の課題となっている。

そこで、政府は、2018年6月5日に「経済財政運営と改革の基本方針」（骨太の方針）を策定し、外国人労働者に一定期間の在留資格付与を明記し、受入れ拡大を図った。これにより介護職者も最長5年の在留が可能となり、今後、日本における介護従事者不足解消に向け、外国人への期待が益々高まってきている。この方針は大きな政策転換となったものの、家族との同居が認められていないなど、外国人労働者の定着を推進するには不備な面も目立つ。

海外に目を転じてみると、今後、さらなる少子高齢化が見込まれるドイツでは、我が国と同様に介護保険制度を導入し、1989年より東欧諸国から外国人労働者の受け入れを開始している。現在でも東欧圏からの労働力供給が主となっているが、EU諸国との介護従事者人材確保の競争が激しくなり（とりわけ労働条件が良いとされるイギリスとの間で争奪戦が繰り広げられている）、近年は、フィリピンやベトナムといったアジア圏にも範囲を拡大し、人材確保の広域化戦略を見据え始めている。現在、ドイツにおける外国人介護従事者の割合は9％といわれており（不法労働者を入れると数値はさらに高まる）、ドイツではその確保と定着に向けて、労働条件の改善や永住許可の緩和設定に動いているが、十分な確保には至っていない。ただ単に在留資格を与えるだけでは、介護従事者確保の根本解決には繋がらないことがよくわかる。

他国も同様の課題を抱えつつある中で、外国人介護従事者獲得競争に日本が一歩先んずるには、どのような解決策を採る必要があるのだろうか。そこには、単なる諸外国の施策を模倣するのではなく、「日本型対応」としての独自の展開を見据えていくことが強く望まれる。

3. 日本型対応としての外国人介護従事者受け入れ施策

ここでは、日本人介護従事者自身の社会的地位の向上、外国人介護従事者に対する待遇改善と彼らの日本文化への理解および順応の問題を取り上げ、介護従事者不足の問題解決への糸口を探ってみたい。

3.1 日本人介護従事者自身の意識変革

厚生労働省が、ベトナムのEPA関係者に対して行ったヒアリング調査の結果がある。それによると、日本で介護職として就労することは、他国と比較して待遇面や条件付きの在留資格など、決して好条件とは言えないものの、「安全・安心」な環境下で「政府のサポート」や「日本式の質の高い介護技術の習得」が可能な点で魅力的な職業として捉えられている[3)]。

しかし、本当に日本の介護は、質が高いといえるだろうか。現在、日本の介護従事者の就業形態は、非正規職員に大きく依存している。また、介護従事者と一口に言っても、国家資格である「介護福祉士」から、介護実務の入門資格である「介護職員初任者研修」（1

30時間の講習を受けて取得される資格）を受けた者、そして無資格者など、様々な背景の介護職が混在して業務が行われている。各国の介護従事者の現状を見てみると、ドイツにおける介護従事者は全国統一的な養成教育を受講し、看護師と同等の専門職として位置づけられている。また、イギリスにおいても介護労働に関しては、品質保証を目的とする、やはり国として統一的な規制が設けられている[4]。このような実際を鑑みると、EPAを利用して日本に来る外国人介護従事者たちの間では、日本の介護は質が高いと受け取られているが、介護職の専門性が進んでいる国と比較すると、まだまだ日本の介護は専門性が不明確であり、全国的な統一化も図られているとは言い難く、課題も多い。

また、日本の介護従事者の離職率は、2015年の統計において、他の職種と比較すると、産業計の離職率が15％に対して介護従事者の離職率は16・5％と高く、その要因の一つに、介護職にはしばしば「きつい、汚い、給料が安い」といった、いわゆる3Kのイメージが付きまとっていることがあげられる。介護分野の賃金水準は、医療福祉分野における他の職種と比較すると低い傾向にあり、看護職と比較すると賃金平均は66％にとどまっている。そのため、日本人介護職従事者の定着は大きな課題となっており、これが、外国人介護従事者の離職にも多大な影響を及ぼしていると考えられる。

以前は看護職にも3Kのイメージがつきまとっていたが、看護師たち自らが労働条件の改善および地位向上に高らかと声を上げて訴えた結果、努力実って看護師不足が解消される運びとなった。当初は、小さな町の看護師数名による運動から始まったが、瞬く間に全国へと広がり、職能団体を立ち上げ、待遇改善や労働環境の整備を訴えた。今では政界にも看護師を送り出し、自分たちの声が政策に反映されるようにまでなっている。看護教育においては、1989年時点で、看護学部を設置する大学はわずか11大学であったが、現在その数は260校を超え、ここ30年間で25倍にまで達している。今や高校生の間では人気ランキングの上位に位置する花形学部として定着している。同時に「大学レベルでの看護師養成」も定着しつつあり、看護職は、一昔前に比べると格段に高度化・専門化しつつある。

日本の介護従事者たちも、看護師たちの先例に倣い、自分たちの地位向上に向けて、まずはプロフェッショナルとしての職業意識の改革と、洗練された教育体制の確立を目指して自助努力してゆくことが重要である。そして、ひいてはこれこそが、海外からの介護従事者受け入れの第一歩となるはずである。

3.2 外国人介護従事者の待遇改善に向けて

介護福祉士の受験資格は、3年の就労を経て与えられる。そのため、EPAにより入国した外国人介護従事者は、国家試験合格を目指して、福祉施設において介護職者として就労しながら3年間を過ごす。言わば、労働者と受験者という二足のわらじを履いて過ごすこととなる。その期間の学習支援は各施設に任されており、外国人介護従事者にとっては、待遇面だけでなく、この学習支援こそが就労を継続するための重大な鍵となる。実際に、EPA側からの施設への課題として、外国人介護事者の国家試験に向けた学習時間の確保が挙げられており、「勉強の時間が作れない」ことが悩みのトップとなっていることが、外国人介護従事者へのアンケートから明らかとなっている。前述したように、外国人介護従事者の介護福祉士の合格率は50％であり、その半分近くが合格できずに自国に帰っているのが現状である。

では、どのような対策が彼らの合格率アップにつながるのだろうか。政府もその対策としてe-learningなどの学習環境の整備に乗り出している。しかし、勤務調整を行い、学習できる体制を整えていく努力は、受け入れ側である施設経営者のマネジメントに委ねられているのが現状である。ただ単に労働力不足の解消として外国人介護従事者を受け入れるのではなく、入口から出口までのトータルケアを柱とした明確な教育プログラムを作成し、それに則って外国人介護従事者を育成してゆく体制作りが求められる。外国人介護従事者の育成は我が国にとっての必須課題であることを考えると、施設経営者の意識改革を促せるような新たな制度設計の必要性もありそうである。

3.3　文化共有にむけての教育

外国人介護従事者の定着を阻害している要因としては、自国文化と日本文化とのギャップも大きい。特に介護は、高齢者を対象とすることが多いため、外国人介護従事者といえども介護技術や日本語能力に加えて、要介護高齢者自身が長年に及んで身を晒してきた風俗慣習、そしてまたそれらの中で長年に及んで形成してきた人生観への理解が不可欠となる。要介護者が安心して介護を受け、癒されるためには、知識、技術、言語は言うまでもなく、日本的な風土を理解した上で要介護者を支えることのできる人間性も大きなテーマとなろう。また、異文化間の価値ギャップを狭めていくのも重要であるが、介護に関する国際的な道徳規範の確立も時代的な必然と言えそうである。

こうした中、前述した環境づくりに向けて、独自に積極的な取り組みを見せている法人もあるのでここに紹介してみたい。

大阪府の社会福祉法人晋栄福祉会は、2025年までに夜勤を行う介護職員のうち20％を外国人介護職員で対応するという目標を掲げている。そこで、介護職員の多国籍化に伴う労働環境のグローバル化にむけて、外国人介護職員採用のルートづくりや異文化共生に関する日本人職員の教育を行い、法人内で外国人介護職員を独自に育成可能な環境を整備している。外国人介護職員採用のルートづくりでは、法人独自で英語、インドネシア語、ベトナム語が併記されたサブタイトル付きのビデオやホームページなどのツールを作成し、EPAにより実施される現地合同スタッフ募集説明会でそのツールを使用するなど、入国前から日本の介護事情がどのようなものかイメージできるよう工夫している。さらには、募集説明で訪問した日本人施設職員とフェイス・トゥ・フェイスの関係づくりができるよう、取り計らったりしている。このように、受け入れ施設の職員も実際に介護職志望者たちが暮らしている現地を訪れ、その地の文化的背景に実際に触れることで、自らも異文化受容能力を培うことができる仕組みとなっている。まさに、職員スタッフ自身が、外国人介護職へ歩み寄っていくという、実に建設的な取り組みを実施している。この結果、この法人が運営する高齢者施設は、EPAにより来日したフィリピン人介護職者により就労先希望施設として上位に指名される（前年度比4倍の増加）など、顕著な実績を出し始めている[5)]。現在、EPAを利用して来日する外国人介護士候補者は、介護労働市場の0・02％を占めるに過ぎないと言われているが、この施設は20％の数値目標を高らかに掲げている。この数値は、一見すると、荒唐無稽とも思えるが、上述したように、外国人介護従事者、日本人介護従事者・職員が一丸となり、互いの文化や価値の理解を双方向から深め、同時に強い信頼関係構築を実現できる環境を構築してゆけば、その達成もあながち遠い将来の話ではない気がする。

4. 結語

介護は、核家族化など世帯構造の変化により、家族が行うものから、他人から受けるものに変化している。我が国としては、人的資源を海外に頼らざるを得ない状況下で、今後、低迷する外国人介護従事者の国内定着率を安定させていくことが、社会全体の課題となっている。そこで外国人介護従事者への日本文化・日本語教育など、国家資格合格準備に向けた支援体制整備が急務と言われている。しかし、異文化接触の時代から、多文化共生の時代に突入したと言われる我が国では、外国人介護従事者に日本文化の理解や日本語の習得を一方的に求めていくだけでは時代の趨勢への逆行でしかなく、日本人自らも、時に外国人介護従事者の出身国文化や言語を積極的に理解して意思疎通に取り入れていく姿勢や努力が大いに問われ始めている。また、日々のカンファレンスや介護記録の作成においても、外国人介護従事者の日本語能力が問題となっているのであれば、何らかの歩み寄りや接点を見出していこうとする工夫こそが求められる時代である。目前に迫った38万人もの介護従事者不足の緩和に向けて、あくまでも重要な「鍵」を握るのは、彼ら外国人介護従事者たちであることを肝に銘じておきたいものである。

【注】

（1）内閣府『平成29年版高齢社会白書』、２０１７年。
（2）厚生労働省『介護人材の確保』、２０１４年。
http://www.mhlw.go.jp/file/05-Shingikai-12601000-Seisakutoukatsukan-Sanjikanshitsu_Shakaihoshoutantou/0000062879.pdf。
（3）厚生労働省　平成26年度セーフティネットワーク支援対策等事業「介護現場で働く外国人労働者の定着促進についての調査研究事業　報告書」（株式会社メディヴァ委託、２０１５年３月。
（4）独立行政法人労働政策研究・研修機構　欧州諸国における介護分野に従事する外国人労働者、２０１４年５月。
（5）社会福祉法人晋栄福祉会（大阪府）　職員・園児の多国籍化によるグローバル化に対応した経営戦略、２０１６年、https://www.keieikyo.com/data/kjirei16_16.pdf。

【参考文献】

旺文社教育情報センター　3.3大学に1校が看護学科！「大学と言えば看護」の時代!?、２０１４年、http://eic.obunsha.co.jp/resource/pdf/educational_info/2014/0107.pdf。
尾形誠宏「看護婦の地位向上と看護婦不足対策」『神戸市立看護短期大学紀要』、第12号、１９９３年、pp.199-209。
厚生労働省　第1回社会保障審議会福祉部会福祉人材確保専門委員会『介護人材の確保について』http://www.mhlw.go.jp/file/05-Shingikai-12601000-Seisakutoukatsukan-Sanjikanshitsu_Shakaihoshoutantou/0000075028.pdf。
厚生労働省　平成26年度セーフティネット支援対策等事業『介護現場で働く外国人労働者の定着促進についての調査研究事業　報告書』，2015年、https://mediva.co.jp/service/MHLW2015kaigai.pdf。

第13章　在住外国人のエンド・オブ・ライフに関する一考察
―最後まで〝自分らしく〟を支えるために―

【林　亮】

1．在住外国人のＱＯＤ（Quality of Death）

グローバル化時代の到来に伴い、我が国の企業、研究機関等において、専門的、技術的分野の外国人労働者に対するニーズが一層高まっている。こうした背景を反映して、在留外国人数は、平成10年以降、毎年増加を続けており、平成24年末の時点で永住権を持つ外国人は、前年比１８３４０人増の１００５８６５人となっている。このような状況の中で、毎年6500人程度の外国人が日本国内で最期を迎えている。今や、年間130万人以上が亡くなる多死社会を迎えた我が国では、QODの議論が高まりつつあり、在住外国人のQODについて考察することも今後避けて通ることはできない課題であると言えよう。

人は自らの死を意識してから亡くなるまでの間に、様々な苦痛を経験すると言われる。それらはWHO（世界保健機構）により、「身体的苦痛」「社会的苦痛」「心理的苦痛」「スピリチュアルペイン」の4つにまとめられた。「身体的苦痛」とは、息苦しさやだるさ等の直接身体を通して感じる痛みである。「社会的苦痛」とは、仕事上の問題、経済的な問題、家庭内の問題、相続の問題等、他者との関係性の中で生じる問題を指す。「心理的苦痛」とは、不安やうつ状態、恐れ、いらだち、怒り、孤独感等、心の痛みを指す。「スピリチュアルペイン」とは、人間として生きることに関連した経験的な一側面であり、身体感覚的な現象を超越して得た体験を表す言葉である。これら4つの痛みは、互いに影響し合い、痛みとして認知されるのである。さらにWHOは、このスピリチュアルな側面が、人間の生の全体像を構成する因子であり、生きる意味や目的についての関心や懸念に関わっていることが多いとしている。このことから、スピリチュアルペインは、上述した他の3つの苦痛の背後にあって、それらすべてをコントロールする、いわば共通感覚（sensus communis）[1)]に近いものであると考えられる。

したがって本稿では、人間のパーソナリティに関わる「スピリチュアルペイン」に焦点を当て、在住外国人が「自分らしく」最期を迎えるために日本人として何ができるのかを検討することとしたい。

2．スピリチュアルペインとは

2.1　存在を支える3つの柱

村田（2011）はスピリチュアルペインを「自己の存在と意味の消滅から生じる苦痛」と定義した。そして、スピリチュアルペインをその性質から存在を支える3つの柱、すなわち、「時間存在」「関係存在」「自律存在」に整理し、これらのいずれかが失われることによりスピリチュアルペインが生まれると考えた。そこで、村田の解釈をここであらためて眺めなおしておきたい。

まず、最初の柱である時間存在とは、人間は過去に経験した様々な出来事を通して、将来への希望や目標を抱き、今を生きている存在であることを指す概念である。死が近づくことで将来を見失い、生きることが無意味、無目的、不条理として現出することで生じるスピリチュアルペインであると言えよう。そして、この種のスピリチュアルペインを持つ時、患者は、「どうしてこんなことになってしまったのか」「自分の人生は何だったのか」といった反応を示すことが多い。次に関係存在に関してであるが、これは人の存在は、他者から与えられることで成り立つとする、すなわち生きていることの意味の成立には他者との関係が不可欠とする概念である。死が近づくことによって他者や世界との関係の断絶を想い、自己の存在と生きる意味を失い、アイデンティティの喪失、孤独、生の無意味を感じることで生じるスピリチュアルペインと言える。この種のスピリチュアルペインを持つ時、患者は、「自分一人だけが取り残された気がする」「誰も自分を理解してくれない」といった反応を示す。最後に自律存在とは、人間は自己決定できる自由が与えられている存在であり、日常の生はその自由によって支えられていることを指す。死の接近によって自律と生産性を失うことにより生じるスピリチュアルペインである。この種のスピリチュアルペインを持つ時、患者は「人の世話になって迷惑をかけて生きていても、何の値打ちもない」「何の役にも立たない、生きている価値がない」といった反応を示したりする。

上述した解説だけでは、スピリチュアルペインのイメージが湧きにくいものと思われるので、次節でスピリチュアルペインについて具体的に説明するため、日本人を対象とした事例で眺めてみることにする。

2.2　事例紹介

【Aさん、70代男性】

1年前に肺がんを発症し、治療を続けてきた。個人商店を経営していたが、がんの治療に専念するため、店を閉めていた。妻との2人暮らし、一人息子は県外に住んでおり、年に1、2回帰省する程度の関わりであった。2週間ほど前から身体的な痛みが強くなり、医療機関受診時に次のようなことを話すようになった。

「がんで体がもたないと思って店を閉めたが、結局、身体中痛いし、そのせいでなにもできない。」

「仕事をしていた時の知り合いには会いたくない。商売上のみの付き合いが多かったし、人からあれこれ言われるのが気になって、電話にも出たくない。」

これらの言葉は、痛みからの無為不能の苦しみや、プライベート上の付き合いがないことに加え、閉店に伴う社会からの孤立、孤独の苦しみ、すなわち自律性や関係性の喪失による苦しみを指している。このような苦痛に対して患者個人で対処するのは困難であり、死に伴う苦しみは、一層強くなることが予測される。

ある日、Aさんは担当看護師の勧めで、がん患者による自助グループに参加することになった。3カ月程して次のようなことを話すようになった。

「ここに参加するようになって、同じような境遇の人と話をしていたら、自分の辛かったことも話せるようになって。そうしたら痛みが楽になってきたような気がした。」

「今までは、病院の先生に話してもこの痛いのは治らないとしか言われないし、妻も我慢しなさいとしか言わない。」

「こんなこと（自分の辛かった気持ち）誰にも言えない。ここで初めて言えた。」

これらの言葉は、これまで医療関係者や家族の無理解による孤立と苦しみに苛《さいな》まれていた以前の状態と、自助グループに参加することによって初めて可能となった、それまでやり場のなかった感情の表出・吐露、そして周囲から共感される満足と安心によって得られた孤立性の緩和を端的に示している。

これは、ほんの一例に過ぎないが、スピリチュアルペインという存在は、先述の通り、他者との関係性（ここでは感情の表出や他者からの共感）により支えられるものである。

本事例に挙げた自助グループ参加前のＡさんのようなケースは逆に珍しく、多くは必ずしも近隣に住む人々との結びつきが決して強いとは言い切れず、これまで築いてきた社会や友人との関係性が、死の接近に伴い遮断されることも少なくない。近年、孤独死が社会問題となっていることにまさに象徴されているようである。自国に住む日本人でさえ、死を迎えるに際にこのような状況に置かれる。ましてや、在住外国人は、どこに自身の支えとなる関係性を見出していけば良いのだろうか。次章では、在住外国人の地域社会との結び付きについて概観してみることにする。

3．在住外国人と日本人の関係性

公益財団法人人権教育啓発推進センター（２０１７）は、全国津々浦々の37都市に住む１８５００人の外国人を対象として、差別や偏見を感じた経験や、国の施策などをどのように感じているか等、外国人の人権状況に関する調査を行った。このうち、自分が暮らす地域での日本人との付き合いの様態について概観してみる。

まず、「普段の生活で日本人とのつき合いがあります（ありました）か？（複数回答可）」という問いに対し、「一緒に働いている（働いていた）」が74・３％、「友人として付き合っている（付き合っていた）」が59・1％と、多くの在住外国人が、日本人との接点を持っていることが伺える。また、「地域社会で暮らすために必要な情報をどこから得ていますか？（複数回答）」という問いに対しても、「日本人の友人・知人」と答えた人が56・5％と半数を超え、「同じ国（地域）出身の友人・知人」から得ている人の45・0％を大きく上回っている。また居住地域の自治会への参加や町内会への加入率も51・3％と半数を超えている。こうしたデータから半数強の外国人居住者は、何らかのコミュニティ活動に関わるなど、私生活において日本人と交流していることが見て取れる。

一方で、過去5年間に日本で住む家を探した経験のある人2044人（回答者の48・1％に当たる）のうち、外国人であることを理由に入居を断られた経験のある人は39・3％、日本人の保証人がいないことを理由に入居を断られた経験のある者は41・2％、『外国人お断り』と書かれた物件を見てあきらめた経験のある人は26・8％と、日本人社会の閉鎖性も垣間見える。さらに、横浜市都市経営局が、市内在住外国人を対象として独自に行った意識調査（2011）からは、外国人が「多文化共生まちづくりについて日本人に望むこと」（複数回答可）への回答として、「外国の文化、生活習慣を理解するように努めて欲しい」が81・2％、「日頃から、外国人の住民と言葉をかわして欲しい」が75・9％、「日本語、日本の習慣を外国人住民に紹介して欲しい」が75・2％と、外国人は日本人との相互理解を望んでいるものの、日本人側からの受け入れ態勢が未整備である点が伺える。

こうした現状を踏まえると、日本で死を迎えている在住外国人の半数近くが日本社会での生活に何らかの不満感を覚えており、日本の医療機関による終末期緩和ケアを受けづらい状況にあるものと推察される、

4．在住外国人へのスピリチュアルペイン緩和ケアのあり方

現段階では、在住外国人の終末期患者を対象としたスピリチュアルペイン緩和ケアに関する調査研究は皆無である。そのため本稿では、日本人終末期がん患者を対象とした川崎他（２００５）によるインタービュー調査の結果に基づいて、論を進めてゆくこととする。彼らによれば、スピリチュアルケアの在り方を6項目に分類している。

1．患者の思い・希望を聞く
2．患者の思いを認め・支える
3．聞く姿勢のメッセージを投げかける
4．希望をつなげる

5．そばにいる

6．お互いの死生観・人生観・習慣について話し合う

これらはいずれも前述したように、日本人を対象とした調査であるため、外国人にそのまま当てはめていくには当然無理がある。しかし、先に見たとおり、スピリチュアルケアとは、患者ないしは要介護者が、それまでの人生において重要と思われること、印象深い思い出、自分が果たした重要な社会的役割、誇りに思う事等を振り返り、自らの存在の意味づけを医療従事者が手助けする事である。したがって、例え外国人であろうとも医療従事者が配慮すべきことのひとつは、医療従事者自らが自分なりの人生観や死生観を持ち、患者と対峙することにより、共感を引き出してゆくことである。医療従事者は、仕事上で何人もの人間の死を見届けてきているが、それでも死を理解するのは難しいと言われる。しかし、死を迎える患者を目の前にして、あたかも死は自分とは無縁なもののように意味づけて語ったのであれば、患者からの共感や信頼感を得られるはずもない。これでは、苦しみを緩和することはおろか、逆に患者の孤独感や自身の人生の無意味さを再認識させてしまうと同時に、苦痛を増長させてしまいかねない。自分もいずれは死んでいく身であることを自覚し、どのように生き、死んでいきたいかという人生観や死生観を持つことが、

医療従事者としてのスピリチュアルケアへの第一歩となろう。

また、独居の在住外国人に対するスピリチュアルペイン軽減の対策として、近年、宗教家を配置する病院の増加、在宅医療へのスピリチュアルケアの導入、終活への民間企業の参入等が見られるようになってきている。しかし、医療機関において、外国語医療コーディネーターや院内通訳の配置が進んできているものの、まだ十分とは言い難い。上記の対策の恩恵に与《あずか》るには、それぞれの設置施設や企業にアクセスすることで初めて可能であるが、在住外国人が自力でアクセスすることは困難であろう。まずは在住外国人が、地域社会に溶け込むことができる環境を整備することが重要なのである。

5. 在住外国人とのコミュニケーションの円滑化に向けて

外国人とのコミュニティ形成に向けた異文化間コミュニケーションと一口に言っても、外国人とのコミュニケーション自体が疎遠な人にとっては、実際にどうしたら良いのかイメージできない人も多いであろう。当然、言語的なハードルは高いかもしれないが、全く意思が通じないということは稀なはずである。コミュニケーションの原理に、「メラビアンの法則」というのがある。この法則は1971年に米国人心理学者メラビアンによって提唱されたものである。この法則によると、矛盾したメッセージが発せられたときに、人が判断材料とするのは、言語情報が7％、話し方などの聴覚情報が38％、見た目や表情などの視覚情報が55％となり、非言語コミュニケーションが重要であることがわかる。この法則を現代の情報社会にそのまま当てはめることは難しいかもしれないが、対面コミュニケーションの場合には、その趣旨は現実から大きく逸脱することはないであろう。

そこで、我々日本人も十分な外国語運用力を有してはいなくとも、とにかく外国人居住者が日本人コミュニティに積極的にコミットできるような環境を整備し、言語の障壁を超えた相互交流の場を設けてゆくことが求められる。例えば、国際交流ボランティア人材バンクというものがある。これは、総務省における多文化共生推進プランに基づき、自治体単位で多文化共生による地域づくり及び国際交流活動を推進することを目的とした人材バンクである。これは、主に外国語ができる人材や国際理解講座講師、ホームステイの受け入れ等を中心としたボランティア人材を登録し紹介する団体である。外国人との接触に少しでも関心がある人はこういった場を活用し、まずは慣れることから始めることが肝要であろう。しかし、その登録要件を概観してみると、ややハードルが高い印象を受ける。例えば、TOEIC730点以上、長期間の海外滞在経験等が求められる。一方で「日常会話が問題なくできる」などと具体的な要件を提示しない自治体もあるが、完璧な文法に則った英語を話すことへの強迫観念に近い感情を抱きがちな日本人にとっては、こうした要件であってもやはり手を挙げにくかろう。こういった現実的な問題を踏まえてみると、まずは経験者のアドバイスやフォローをうまく活用し、少しでも関心がある日本人が気楽に参加できる国際交流ボランティア登録制度の枠組みを構築しなおすところから始めたいものである。

【注】

（1）人間のさまざまな感覚（センス）に共通（コモン）で、それらを統合する根源的感覚。いわゆる common sense（常識）とは異なる。

【引用文献】

川崎雅子、金子久美子、福岡幸子、佐々木美奈子「終末期患者から学んだスピリチュアルペインとケア―患者との会話場面を通して―」、『県立がんセンター新潟病院医誌』44－1、2005年。

公益財団法人人権教育啓発推進センター『平成28年度法務省委託研究事業　外国人住民調査報告書』、2017年。

村田久行「終末期がん患者のスピリチュアルペインとそのケア」、『日本ペインクリニック学会誌』18（1）、1-8、2011年。

横浜市都市経営局『外国人市民意識調査報告書』、2011年。

第14章　インバウンド対応から捉えた日本のアクセシビリティ
―スムーズな鉄道移動を考える―

【長沼　淳】

1. はじめに

最近、週末、平日を問わず外出すると、以前と比べて本当に多くの外国人の姿を見かけるようになった。今や観光地だけでなく街中や郊外ほか、いたるところで観光客と思しき外国人を見かけたりする。実際、日本を訪れる海外からの旅行者数は２００４年の約６１３万人に対し、２０１７年には約２８６９万人にまで増加している。このうち観光目的で入国した訪日外国人（以下、観光目的の訪日外国人を「インバウンド」と表記する[1]）は、全体の62・6％（約384万人）から88・6％（約2544万人）へと、比率でも実数でも大幅な伸びを見せている[2]。特徴的なのは、このインバウンドのうちのリピーター数が大きく増加している点である。リピーター率自体は60％前後と、ほぼ横ばいで推移しているのだが、実数が大幅に増加している現状に比例して、リピーター数も大幅に増加しているのは注目に値する（約230万人から約1530万人へと推移）。このリピーターは、訪日回数が増えるほど、いわゆる「主要観光地」とは異なる「地方」を訪れる割合、ひとり旅の割合、個別手配の割合が高くなる傾向があり、観光の目的や移動方法がツアー客に比較すると、個別化、多様化するという性質を有している[3]。何度も日本を訪れるならば、これまでとは異なる地域を訪れたい、異なる経験をしたいと考えるのは当然のことであり、インバウンドの旅行スタイルもこれまでとは大きく変化してきていることが伺える。

こうした傾向を帯びたインバウンドの増加、嗜好の多様化に合わせ、国内のいたるところで個人旅行者と思しきインバウンドが、地図、スマートフォン、タブレット端末などを見つめながら立ち止まっていたり、駅のコンコースで案内板を指差して、自分たちの現在いる場所、これから行く先を確認したりしている姿も日常的な風景になってきている。そこで本稿では、インバウンドが主に鉄道を利用する際に、快適に移動し、自らの旅行目的を達成するために求められているものと、その実現方法について考えていくことにする。

2. 増加するインバウンドへの現実対応と課題

まず2017年に観光庁がインバウンドを対象に実施した国内の受け入れ環境に関するアンケート調査を見てみよう[4)]。この調査の【訪日外国人が旅行中に困ったこと】に目を向けると、「多言語表示・地図・パンフレットが分かりにくい・少ない」、「スタッフとコミュニケーションがとれない（英語が通じないなど）」などの定番の問題点のほかに、「目的地までの交通アクセス手段」、「公共交通の利用方法（乗換方法を含む）」、「公共交通の乗り場情報の入手」、「目的地までの公共交通の経路情報の入手」、「割引チケット、企画乗車券情報の入手・利用方法」などが回答の上位に登場している。

ここで挙げられている項目は、我々にとっても多分に当てはまるものばかりであり、駅などの案内表示を見ただけで、果たして目的地まで安く、早く、乗り換え少なく行けるかと問われても、スマホの乗換案内なくしては実際には移動が難しい場合もある。ましてや、初めて東京を訪れた外国人にとって、現在の日本における対応で十分かと問えば、その困難さは到底日本人の比ではなかろう。したがって、彼らにとっての快適な移動の条件を模索するならば、駅構内などでの多言語対応の案内表示や多言語対応の音声案内などを増やすだけでは、その役割を十分に果たせないことになる。

例えば、利用者全体に対して、韓国人を中心としたアジア系外国人が占める割合が比較的高いＪＲ東日本の山手線新大久保駅では、「この階段は右側通行です」などといった構内の注意喚起アナウンスを約30ヶ国語で行っている。この「超」多言語放送があれば、確かに少なくとも30ヶ国語の言語使用者にとっては、それぞれ必要な情報が提供されることになり、大いに彼らへのサービス向上に繋がっているということが言える。また今では、大都市の通勤電車内で見かける行き先や停車駅の案内液晶ディスプレイは、日本語、英語、中国語、韓国語などによる多言語対応になっているものが多くなってきている。さらに、ピクトグラム《視覚表示板》の充実を図ったり、各駅名をアルファベット表記やナンバリング化したりすることにより、日本語に不案内な人への便を図ろうとする事例も全国的に見られるようになってきている（例えば、山手線の新大久保駅は「ＪＹ16」と表記される）。しかし、このように多様な乗客に対して、できる限りの配慮をしようという試みは多くなされているものの、冷静に捉え返すと、これらの試みは過剰な対応による過剰な時間浪費と言えなくもない。敢えて言うなら、逆に利便性を損なうような状況すら垣間見えてくる。上述の構内放送に関して、ある言語が再度流れるまでにはしばらく時間がかかる。インバウンドのように目的地が明確な場合には、このようなアナウンスは即時性に欠け、適切な手段とは言いにくい。自言語が再び流れるまで待っていると電車を何本もやり過ごさなければならないといった書き込みがネット上にも見られ、現実には情報提供者側と利用者側ニーズとの間には大きな乖離《かいり》が生じている。いくら案内板やアナウンスを30ヶ国語対応で用意したとしても、表面上は思慮深い配慮に見えはするものの、その煩雑さゆえに自分の母語を見つけるのに手間がかかってしまい、結局は、案内方法として不適当だと言わざるを得なくなる。

現在の多様化したインバウンドのニーズに対応するためには、こうした従来の方法では不十分との印象は否めず、したがってこれとは異なる、個別のインバウンドへ十分配慮ができるまったく新たな視点からの案内方法を検討しなければならない段階にきているということが言えるだろう。

3. 個別対応を軸とした新たな対策の必要性

前節で触れたような事態を鑑みてか、最近では外国語を使える案内者を配置した案内所を多数設置することで、困っている人を見かけたらすぐにそこへ促して対応しようとする試みが随所で見られるようになってきている。駅構内の案内係を増員・多国籍化し、対応可能な言語を増やしたり、海外での生活経験のあるリタイア後のシニアを活用することで、多言語・多文化化への対応を実現したりする事例が見られるようになってきた。こういったアナログ的な対策に加え、ガイドに案内用の専用アプリケーションがプリインストールされたタブレット端末を持たせ、ホテルやレストランの予約、荷物の配送など、旅行者の個別的な要望に応え、利便性向上をアピールし、移動手段選択の動機付けを積極的に提供しているところもある。このように、現在のインバウンドへの対応は、不特定対数を対象とするより、デジタルデバイスを活用し、旅行者が気軽に利用でき、しかも正確に求めに応じられるような工夫がなされ、多様化する個別ニーズへの対策に目が向けられるようになりつつある。

こうした動きに加えて、一部の鉄道会社では、さらに次世代型対応として次のようなサービス展開を検討しているところもある。鉄道会社が、タブレットに独自のナビゲーション・システムを搭載し、利用客に貸与することで案内を行う手法である。そのシステムでは、目的地への電車やバスの乗り換え、さらには最適の出口を案内し、目的地ではその歴史や見どころなどの案内を行う「移動補助＋観光案内」などの多くの機能を備えさせるのである。これが実現すれば、様々な言語話者が各自のニーズに合わせ、母語で乗るべき電車や降りるべき駅、目的地までのルート、目的地の観光案内をオンデマンドで情報入手できるようになり、利便性は格段に向上することになるだろう。

今後は、ウェブサイト上での新幹線や特急の指定席予約や乗車券、乗船券など旅程すべての切符の購入が可能となったり、そのデータを交通用ICカード（SuicaやPASMOなど）、あるいはスマホなどと同期させ、ICカードであれば改札通過時に改札機のディスプレイに、スマホであれば画面に案内が表示されたりするなどのサポートも付加され、全国の公共交通機関がシームレスに利用できる計画も検討されている[5)]。

インバウンドが、新幹線で東京から仙台に向かい、松島を経て瑞巌寺に参詣し、その後遊覧船で塩竈《しおがま》に移動し、名物の鮨を食べた後、仙台郊外の温泉に宿泊する、といった旅程を想定したとする。この旅行者は、出発前にネット上で交通手段や飲食店を予約し、当日、新幹線で仙台に着いたら仙石線に乗り換え、松島海岸で下車後瑞巌寺へ行って由緒来歴を知り、そのあと栈橋に向かい遊覧船に乗って塩竈へ移動し、予約した鮨屋で食事をしてキャッシュレスで会計を済ませた後、タクシーに乗ってホテルへ……といったことすべてをネットでの事前予約とスマホの案内によって実現しようというのである。予約済みの切符などの情報はスマホに登録されており、自動改札機など主要ポイントを通過する際に、乗車する電車の座席情報、乗り換え駅などの案内が視覚的に提示されるため、駅で指定の電車への乗り方、どの駅でどのように次の交通機関に乗り換え、観光地への行き方、そこでの様々な案内、決済などがスマホ一つですべて済むようになる。これらの操作は多言語、かつオンデマンドでの対応が可能であり、旅行者にとって操作がわからないとか、道に迷ったといった主に言葉に原因があると想定できる不便さはかなりの度合いで解消されるはずである。

したがって、「インバウンドに快適な移動を提供する」ための対策として、様々な国から訪れる様々な文化背景を有するインバウンドの言語ストレスを軽減し、必要なときに必要な情報を提供できるようにする環境を現実化する、すでに実現されつつある先述の人手を介した案内・対応（アナログ対応）とICT機器とインターネットを活用した案内・対応（デジタル対応）の組み合わせは、現段階での最も有効な手立てということができる。多くのインバウンドが、それぞれの目的地への手配を戸惑うことなく実行でき、旅行に際してその移動、滞在などにおける快適さをデジタル機器とネットを組み合わせて実現できるようになれば、旧来の様々なサポートは、不必要とまでは言えないが、デジタル弱者対応策としての補完的な役割に位置づけられていくことになるだろう。

4．おわりに―快適な旅行とは―

旅というと、その途中で様々なことに迷い、悩み、これまで気付かなかった自分に出会うことが醍醐味なのだといった考え方もあるだろう。本論の趣旨もそれを否定するものではない。しかし、増加するインバウンドは２０２０年には４０００万人を越えることが予想され、その後もさらに増加する予測が各所で示されている。そうしたインバウンドの旺盛なニーズにスムーズに応え、迅速・的確にそのニーズを捌《さば》く態勢を構築することは、今後の日本社会にとって喫緊の課題である。そしてますます多様化するであろうインバウンドに的確に対応するには、個別性を考慮しない一般的な案内方法や案内標識は、補助的な役割を果たすことは可能とは言えても、主要な対応策としては役割を十分に果たせないことは明らかである。インバウンドの求める個別性、即時性、多様性などに応える対応としてＩＣＴ技術とインターネット技術を援用した態勢の構築は、彼らの満足度を向上させるためにも不可避の方策といえる。

旅の途中で迷うことはインバウンドを不安に陥れ、不満の原因ともなる。せっかく日本に来て日本を知りたいと思うのであれば、その思いをできるだけ迂路《うろ》を経由することなく、叶えさせるに越したことはない。快適な移動や案内が、旅をよりいっそう魅力的なものへと高めることができれば、そのインバウンドを再び日本への旅行に導く可能性を広げることにもなる。そうしたことの積み重ねが、これまで気付かなかった日本の魅力の発見に繋がることもあるだろう。この経験は、結果的には新たな自己の発見につながる可能性も含まれ、先述した懸念に対して新たな切り口を提示することへと繋がるかもしれない。

自らに必要な情報を過不足なく、時間差なく提供できる旅行者支援の方法を確立することは、インバウンドに限らずすべての旅行者が主体的に旅行するための今後必須の要件となることは間違いない。

【注】

（1）「インバウンド」は「インバウンドツーリズム」の略で「外国人の訪日旅行。また、訪日旅行客」（小学館『デジタル大辞泉』当該項目より）を意味する。本稿ではインバウンドを「訪日旅行客」として用いる。

（2）日本政府観光局（JNTO）「国籍／月別、目的別訪日外客数」２０１８より。ちなみに商用目的の外国人は約22・5％（約１３８万人）から約6.2％（約１７８万人）、その他約12・８％（約78万人）から約5.1％（約１４７万人）（それぞれ２００４年と２０１７年）と推移しており、総数は増加しているが比率は減少している。ここで「観光客」とは、「短期滞在入国者」から「商用客」を引いた入国外国人で、「親族、友人訪問」を含んでいる。「その他」とは観光、商用目的を除く入国外国人で、留学、研修、外交・公用などが含まれる。

（3）国土交通省観光庁「平成29年訪日外国人消費動向調査【トピックス分析】」２０１７より。インバウンドの訪日回数の最大値は「初回」の38％なのだが、それ以外がリピーターであることを考慮すると、今後インバウンドの行動傾向はますます多様化が進むことが予想される。

（4）国土交通省観光庁「『訪日外国人旅行者の国内における受入環境整備に関するアンケート』結果」、２０１７年。

（5）東日本旅客鉄道株式会社「ＩＣカード出改札システム（〝Suica〟）の導入と今後の展開について」２００１より。ただし、この報告書段階ではスマートフォンが普及していないため、ＩＣカードの活用レベルの議論に止まっている。本稿は、スマートフォン活用も視野に入れている。

第15章　海外で経験知を蓄積した日本人体操指導者の人材価値

―事例から見えてくる新たなグローバル人材育成の可能性―

【釘宮 宗大／石井 十郎】

1. 日本人体操指導者たちのキャリア形成環境

日本体操界はローマ五輪（1960年）の体操競技団体総合で初めて金メダルを獲得して以降、ドイツやロシア（当時は、東ドイツとソビエト連邦）、中国などと半世紀以上にわたり、メダルを争ってきた。そして、世代を超えて日本人選手たちの活躍を支えてきた強みのひとつに、良質な指導者の存在があることは論を俟たない。多くの指導者が、日本学生選手権、日本選手権、そして世界大会などへの出場経験を有する元体操選手である。しかし、選手同様に指導者の世界もピラミッド構造が築かれており、いわゆる各世代の代表選手を指導できるのは極めて限られている。したがって、そこから外れた多くの指導者たちは、中学校や高校、もしくは地域の体操クラブに自らの存在意義と活路を求めて、指導を行ったりしている。因みに、日本体操競技・器械運動学会がまとめた調査報告書（2016）[1)]によれば、一部の強豪チームを除き、地域の体操クラブの経営は厳しく、特に20代～30代の指導者にとっては、常勤雇用の指導者として成長する機会を得ることは甚だ厳しい状況であることが指摘されている。体操界から自然と離れることを余儀なくされる指導者たちが多いのも頷ける気がする。その一方で、そのような困難な環境下から脱して敢えて海外へと飛び出し、言葉や文化・習慣などの様々な障壁を乗り越えながら、アウトバウンド指導者として新たなグローバル・キャリアを形成している日本人指導者たちがいることは意外と知られていない。

そこで本稿では、そのような数少ない指導者たちの中で、幸いにも知己を得ることができた、コロンビア（体操指導者A氏）、シンガポール（体操指導者B氏・新体操指導者C氏）、オーストラリア（体操指導者D氏）の3ヵ国において体操指導経験を有する4人の指導者たちに焦点を当ててみることにした。そして、直接のヒアリングを通して、彼らが辿ってきた重要なライフステージに付随する「契機」「覚悟」「期待」「展望や不安」などを押さえながら、異国の地で彼らがどのようにしてキャリアを築いていったかをケーススタディ的にフォローし、今後の体操競技界におけるグローバル人材育成支援の視点を探ってみることにした。

2. 海外に自己アイデンティティを見出した指導者たち

柔道や野球など、体操競技以外の種目においても、日本で指導実績を積んだスポーツ指導者たちが、海を渡って普及や競技指導に尽力し、スポーツを通じて日本と諸外国を繋げてきたことは広く知られている。ただし、本稿で注目した指導者たちは、これらの指導者たちとは幾分か向きを異にしている人たちである。というのも、自らが新たなキャリア形成の場を海外に求め、若くして海を渡り、様々な葛藤や困難を克服しながら実績を積み上げて自己アイデンティティを確立していった人たちだからである。ある意味で、日本の体操界にとってのポテンシャルなグローバル人材となり得た人たちと言えよう。

2.1　A氏（男性36歳：コロンビアでの体操指導経験を有する）の場合

まず1人目は、南米のコロンビアにおいて、現地の州代表チームの体操指導に従事していたA氏である。

4年制の体育大学を卒業したのち、企業に所属しながら社会人チームで競技を継続していた。A氏の過去を紐解くと、全日本体操競技団体総合選手権優勝メンバーの1人でもあるという輝かしい背景が浮き彫りとなる。加えて、A氏には1年間だけ国内の一般クラスを指導した経験もある。A氏にはもともと、将来は海外で指導をしてみたいという夢があった。現役引退の2008年に、コロンビアの選手たちが日本に合宿に来た際、そこで知り合ったコーチとの接触が契機となった。そして、引退後の2011年にコロンビアに渡り、県（現地ではdepartamentと称する）のスポーツ局との契約を経て現地でのA氏の実践指導がスタートした。A氏は次のように述懐してくれた。

コロンビアでの仕事に関して言えば、実践指導以上に報告書の作成に時間を奪われた。専ら、選手ひとりひとりの練習種目および技の練習回数等を克明に記録する作業に追われた。そして、いざ指導の段になっても、何よりも大人・子どもに限らず、時間のルーズさに戸惑どうことしきりだった。また、日本とは違い、コロンビアでは大人から小学生まで同じ体育館で練習するため、「個人をしっかりとケアしていく」以前に、その組織運営の異常さを正常に戻すためのシステム改革に多大な労力と時間を奪われた。そういった意味では、「個人と全体のバランスとは如何にあるべきか」という課題意識のもと、マネージメントリテラシーを培うことができたことは、後で考えてみると幸いだった。さらに、危険地帯で生活していたので、危機管理能力が身についたのも思わぬ収穫となった。２０１４年当たりから母の体調が芳しくなくなっていったので、２０１５年に帰国を余儀なくされた。その後は、コロンビアで学んだ語学を活かして、国内にあるスペイン系の建築会社の通訳の仕事をしながら現在に至っている。現在、体操競技との接点はまったくない。

Ａ氏の述懐からは、現地指導での困難を常にプラス思考で捉えて環境改善に努めてきた指導者としての望ましい姿が垣間見られ、現在体操指導から離れていることを思うと残念に思われる次第である。

2.2　B氏（男性28歳：シンガポールでの体操指導経験を有する）および C 氏（女性23歳：シンガポールでの新体操指導経験を有する）

次に現在シンガポールで男子ナショナルチームの体操指導を行っているB氏と同じくシンガポールにて女子ジュニアナショナルチームの新体操指導を行っているC氏に焦点を当ててみることにする。

まずB氏は、4年制の体育大学を卒業後、競技を継続しながら大学院に進学。大学では中学校・高校の保健体育教員免許を取得している。日本における指導歴は特にない。B氏は元々、海外での生活に興味はあったが、渡航のきっかけは、在学していた大学院の担当教授からの紹介であった。何よりも、今までの経験をそのまま職業として活かせることに魅力を感じた。主な仕事内容は、日本で行われているものと大差がないと感じるが、シンガポールの特色である顕著な学歴社会とナショナルサービス（徴兵制）の存在がときに指導の継続性を阻んだりしていた。すなわち、練習時間の確保やモチベーションの維持が思い通りに行かなかったのである。そういった状況はありながらも、学校関係者や保護者との個別相談等を通して指導対象メンバーたちに対する学業との両立に腐心した。B氏は次のように語ってくれた。

海外生活で身についたものとしては、やはり生活の術となった語学力だ。赴任当初は初歩的な英語すら話せずに苦労したが、今では選手たちとのコミュニケーションや遠征での情報交換など、自由に相互の意思交換が英語でできているので助かっている。今後も指導を継続し、しっかり結果を残していきたい。その他の面で言うと、現在、FIGコーチング資格[2)]を取得したおかげで、治安のよいシンガポールだけに生活に困ることもなく、なおかつ自分の時間も十分に確保でき、日本での生活と比べると格段に充実している。日本で

ビシャンスポーツホール（Bishan Sports Hall）

同ホールでのB氏による指導風景

は、指導の場所も限られ、拘束時間も圧倒的に長かったので余計である。せっかく現在のように行動幅を広げることができたので、今後のさらなる可能性を捨ててまで、敢えて帰国して日本で職探しをする価値があるのかは正直疑問に思っている。

B氏の語りからもA氏と同様に、自らが置かれた境遇をひとつの宿命として積極志向で捉え、それを糧にさらなる将来への可能性を見据えている姿勢が見てとれた。

次にC氏について触れてみたい。彼女も4年制の大学を卒業しており、現役選手時は新体操の選手としてジュニアナショナルチームに選抜され、アジアジュニア選手権大会やユースオリンピックなどの出場経験を有している。現役時代から地方での講習会や指導を行ったりしていた。引退後は、海外へと渡る前に東京のジュニアチームやアメリカのクラブに招かれ、短期間での指導に従事したりしている。C氏に関しては、選手であった頃から試合やトレーニングキャンプで海外滞在の機会が多く、そのころから漠然と「海外での指導者」というキャリアに関心を持つようになっていた。言語をはじめ、日本とまったく異なった環境で指導することで、自分自身がどのように成長できるか試してみたい気持ちもあった。シンガポールでの新体操指導のきっかけは、現地体操クラブによる支援であった。

そして、幸運にも現地ジュニアナショナルチームのコーチ公募で採用に至った。C氏もまた、指導当初、次のような精神的葛藤があったことを吐露してくれた。

競技ルールは世界共通であるため、日本での仕事内容と大きくかけ離れることはない。しかし、学業優先のシンガポールでは、ナショナルチームに所属していても練習に来ない選手や早退する選手がいるため、試合前であっても十分な準備ができない。こういった点は日本と大きく異なっていた。それゆえ、一人一人と相談し、その選手にあったプログラムを考え、そして限られた時間の中で質の良い練習をしなければならず大変であった。同時にまた、そのような状況下であっても、選手たちを国際レベルにまで引き上げなくてはならず、絶えずストレスを抱える日々であった。

海外で指導を始めるようになってからは、今までとは異なり、自分なりのしっかりとした意志が持てるようになり、自発的な言動や行動が次第に増えてきているように感じられる。その上、シンガポールでの生活や練習を通じて、仲間たちとコミュニケーションをとることで言語能力の伸張をも実感している。今後は、シンガポールにとどまらず、他国でも多くの経験をしてさらに成長してみたいと考えている。現在は、シンガポールでの新体操指導に没頭し、何らかの結果を残しながら、より多くの経験を重ねることを目標にしているが、目標を見失ったり、またモチベーションを保てなかったりすることもあれば、日本に帰りたいと思ったことも幾度かあった。しかし、基礎すらこなせなかった選手たちが急成長している姿を見るにつけ、自分の中で大きな生きがいが芽生え始めている。正直言えば、決して良いことばかりではないが、海外に出たことを悔いたりしたことは少しもない。すべてが自分の成長に繋がっていると確信でき、日本の良いところや足りないところに気づけるようになったのは、日本では決してできない経験であると思っている。まずは

ビシャンスポーツホール（Bishan Sports Hall）

同ホールでのC氏による指導風景

自分自身が、ここシンガポールにやってきた意味をしっかりと見出していきたい。

C氏へのヒアリングからもまた、これまでのA氏・B氏と同様に、自らをしっかりと内省し、さらなる自らの将来をしっかりと俯瞰できている様子が伺えた。

2.3 D氏（男性31歳：オーストラリアにて体操指導経験を有する）の場合

そして最後は、オーストラリアで体操競技を指導しているD氏である。4年制大学を卒業後、体操教室で指導をする傍ら、選手としても2年半活動し、国内一種審判資格を取得している。そして、2011年に体操競技を離れ、語学留学のために渡豪した。その3年後、日本人の知り合いのもとで体操教室を手伝い始めたことが体操競技と再会するきっかけとなった。指導をしつつ自らも体を動かし、ふとしたきっかけで選手として州大会に参加した結果、個人総合優勝を果たした。これを契機に2016年に現在の体操クラブで州の代表選手の指導をすることとなった。D氏が語ってくれた内容は次のようなものであった。

現地での指導は、トレーニングプランの作成、新しいアイディアの導入、技術アドバイスなど、日本との差はあまり感じてないが、整列、挨拶や返事、練習態度などには力を入れている。クラブのヘッドコーチは過去にロシアのナショナルチームに所属していたコーチであり、旧ソ連時代の練習スタイルも学べて貴重である。さらに、日本国内では取得が困難であるＦＩＧコーチング資格を現地の指導者として取得できたことも大きなプラスになっている。

オーストラリアでは、経済的余裕のある家庭の子どもたちが体操競技を行っていることが主流であるという背景もあり、時間にルーズな面が指導の継続性を阻んでいる。それ以上に、タレント自体の発掘の難しさを感じている。また学歴を重視する社会システムの中で、競技力

Ｄ氏による現地での個別指導風景

育成の難しさも感じている。今後は、現在取り組んでいる雑誌の連載を継続しながらオーストラリアで活動し、2020年の東京オリンピック・パラリンピックに何らかの形で関わりたい。2020年以降は、FIGコーチング資格を活かし、他国での指導も見据えながら活動していきたい。

D氏もまた、他の指導者たちと同様に大いなる困難を抱えた指導の船出ながら、ポジティブ思考で自らのキャリアアップを模索している様子が伺えた。

3. 現地で試練と対峙する指導者たち

本章では、前章のケーススタディで浮き彫りとなった日本人指導者たちそれぞれのキャリアアップへの努力に対して、日本側からどのような支援の手を差し伸べることにより、体操界へのグローバル人材の還元が可能になるのか、筆者（釘宮）の経験を踏まえて考察してみたい。因みに、筆者は1年間スリランカでの指導経験を経たのち、現在フィリピン体操協会のナショナルコーチを務めている。したがって、これまで紹介してきた4人の指導者たちの過去、もしくは現在の多様な困難局面に対しては共感できる部分が多い。それゆえ、まずケーススタディで紹介した4人皆が苦心したチームの競技力向上を阻む主要因について、もう少し詳しく触れてみたい。

手短な言い方をすれば、多分に固有文化の固有特性に由来し、とにかく指導に集中できる環境が少ない点が問題と言える。選手たちの時間にルーズな点は4人の指導者たちにとって共通した悩みであったが、その中でもシンガポールとオーストラリアでは学歴社会ならではの時間制約がさらに日本人指導者たちを悩ませている。またコロンビアでは、同じ施設に小学生から大人まで同時に練習せねばならない環境にあったことから、指導に集中できない状況が大きな障壁となっている。筆者（釘宮）が現在指導しているフィリピンでも、前述した国々と同様に大人から小学生まで同じ体育館を使用しており、またある意味で、日本以上に学歴社会であるために、オーストラリアとシンガポールに類似する点も多々みられたりする。ケーススタディからも垣間見られるように、日本とはスポーツに対する価値意識が大きく隔たっており、生活の中でのスポーツの位置づけそのものに大きな違いがあるようである。日本のように、人生を競技スポーツに賭けるなどといった考え方は端《はな》から前提にはなさそうである。スリランカやフィリピンなどの未だ途上国では、生活すること自体が多くの国民にとって優先事項であり、スポーツは娯楽や趣味の域にとどまる。「練習を休む」「練習に遅れる」に象徴されるように、競技成績に対する執着が極めて希薄であり、その結果、選手と指導者の間に意識の開きが生じてしまう。選手や現地スタッフの意識改革こそが重要であると一言で片づけるのは簡単であるが、これまでそれぞれの国が培ってきたやり方がある中で、彼らなりの経験知を無視したならば、それは逆に対立の図式しか生み出さない。4人の指導者たちへのヒアリングを通して、決して詳細までは書き切れなかったが、彼ら日本人指導者が皆どれだけの努力を重ねて現地に溶け込み、そして漸く信頼を得て本来の体操指導に漕ぎつくことができたかは決して並大抵の言葉では語れないようである。

また、別の観点からの重要な問題にも触れておきたい。指導者をサポートするはずの組織は、往々にして協会自体が仮に存在したとしても決して機能しておらず、名前だけの実態なきものといったところが多い。コロンビアなどはその良い例であろう。シンガポールに関してもシンガポール体操協会の中には、日本のような組織運用システムは構築されていない。現地では、ルールに精通したスタッフがほとんどおらず、審判業務や審判育成の講習会、大会や活躍する選手などの情報収集、医療、研究、大会運営業務等を日本で培った経験をもとにしながら、現地スタッフと協力しながら切り盛りをせざるを得ない状況にある。

以上のように、日本の指導環境とは全く異なる環境で、日本人指導者たちが葛藤や困難を克服しながら実績を積み上げて、異国の地で自己アイデンティティを確立しつつある姿が明確に見えてきた。ケーススタディにより浮き彫りとなった体操界におけるグローバル人材の育成を促す糸口とは、まさに個人と組織の両面からの改革と言えそうである。前者に関して言えば、指導者を目指す者ならば、まず一度は異国の地に飛び込んで指導する経験を積み、自然体で現地に溶け込む努力をしながら人間力を涵養してゆくのが大切である。そして後者に関して言えば、現地での競技指導以外の負担を軽減しながら、協会運営に求められる総合的な経験知を自ら育んでいくことである。単体で海外に赴いた指導者たちが、逆にグローバル人材としての本質に触れ得る経験をしている現実を直視し、新たな人材育成の展開が生まれていくことを望みたい。

4．スポーツ界における人材価値とグローバル化人材育成への示唆

これまで眺めてきた問題点および課題を踏まえ、日本の体操界でグローバル人材を育てるためには、どのような支援ができるのかについて、ここでは前章の末尾で指摘した糸口からの検討を試みることにする。

日本体操協会には、強化本部とそれを支援するマルチサポート委員会がある。その他

に審判委員会やアスリート委員会、地域委員会、企画委員会、国際委員会、事業委員会、コーチ育成委員会などが組織され、強化と普及が行われている。強化本部を支援しているマルチサポート委員会は、スポーツ医学、アスレチックトレーナー、情報科学、研究、栄養、アンチドーピング、施設管理と分かれており、それぞれが役割分担を明確にしながら相互協力して日本の体操界を支えている。日本の選手と指導者はこういった多くのサポートを得ながら、競技に集中することができている。

これらの仕組みを拡張して援用することにより、体操途上国に渡った日本人指導者に必要とされる協会運営の経験知の蓄積を支援することができるのではないだろうか。あるいは、国を限定することなく、日本体操協会の組織運営力を活用した国際協力の一環として、アジア体操連盟（Asian Gymnastics Union）の機能強化を図ることにより、他国での協会運営の負担を軽減することが可能になるのではないだろうか。これらの支援策は、他国で現在指導している日本人指導者のみならず、国内で指導者として成長する機会を見出せない多くの若手指導者の背中を押し、グローバル人材化を促進する可能性を大いに秘めているように思われる。

日本人の強みは競技力であり、たとえオリンピックや国際大会に出場していない若手指導者であったとしても、体操途上国においてはトップレベルとされ、現地では重宝される。日本を飛び出し、様々な試練に立ち向かった指導者たちは、言語を始めとするコミュニケーション能力や、日本では推薦された指導者しか取得できないFIGコーチング資格も取得している。また、それぞれの国に潜在する問題に対して、試行錯誤をしながら解決してきたタフさ、さらには豊富な人脈までも築いており、将来的に日本体操協会のグローバル化に大きな力を発揮する人材とも言えそうである。

以上、考察してきたような組織的な支援を得て、現地での指導環境が整えば、日本人体操指導者の手によって卓越した選手が育つほか、日本のコーチ育成システムを活かした現地での指導者育成などの実現性が高まり、多様な可能性が切り拓けるのは明らかである。加えて、国際協力の視点からも日本人指導者の人材価値は格段に増し、日本国内のみならず諸外国に対する人材価値のアピールもが可能となるであろう。

日本の体操競技をめぐる環境は、現在では十分にグローバル化に対応するものと確信をもって言えるが、こと「日本人体操指導者の国際貢献」という点では、未だ諸外国に認知されているとは言い難い状況である。日本のお家芸である体操競技から、若者のグローバル人材化の流れが生み出され、混沌とする世界をつなぐグローバル・フロントランナーが誕生していくことを望む次第である。

5. 結　語

海外で活躍する日本人体操指導者の実際を探ることにより、体操界のグローバル人材化においては、個人の人間力育成に対する教育や支援に加えて、日本が有する組織運営力を活用する重要性が浮かび上がってきた。また、異国の地での経験が日本のグローバル人材教育への示唆にとどまらず、アジア全域を視野に入れた新たな国際協力人材マッチメイキング事業を可能にするほどの人材価値が日本体操界に蓄積されていることも見出すことができた。しかしながら、日本での生活や体操指導にこだわらず、海を渡った際に待ち受ける困難に立ち向かい、グローバルな体操競技の世界で活躍する意志をどれほどの人たちが持ち得ているのかなどを把握できる資料を見つけることはできなかった。もし、日本体操界がさらなるグローバル化や新たな国際協力事業を標榜するためのグローバル人材育成戦略を立てようとするならば、空転させないためにも基礎資料を基にした具体的な支援策の再考が必要となりそうである。

【注】

（１）体操競技に関する基本調査 競技人口と練習環境調査報告書―ジュニア・中学・高校・大学・社会人―１９９９年～２００７年、２０１６年
(http://jsg.sakura.ne.jp/works/project/kihonchosa1999_2007.pdf)

（２）国際体操連盟（The International Gymnastics Federation）が付与する指導者資格を指し、コーチの国際的な指導者レベルを示す一つの基準である。例えば、オーストラリアでは資格の有無および資格のレベル次第で指導できる選手の段階が決まっている。
(http://www.fig-gymnastics.com/site/pages/education-academies.php)

●編著者　プロフィール●

【第6章執筆】

浅間　正通（あさま・まさみち）

東洋大学教授・静岡大学名誉教授。上越教育大学大学院修了。カリフォルニア州立大学チコ校国際研究センター客員研究員（1995-1996）。静岡市社会教育活性化推進委員（2004-2005）。日本学術振興会科学研究費委員会専門委員（第2段合議審査委員　２０１２）。監修に『実践　情報リテラシー』（同友館）、編著書に座標軸3部作シリーズ『異文化理解の座標軸』『国際理解の座標軸』『人間理解の座標軸』（日本図書センター）、日本図書館協会選定図書『情報社会のネオスタンダード』（創友社）、日本図書館協会選定図書『デジタル時代のアナログ力』（学術出版会）、『デジタル時代のクオリティライフ』（遊行社）、『小学校英語マルチ TIPS』（東洋館出版）。著書に『海外こころの旅物語』（早稲田出版）、『世界を歩く君たちへ』（遊行社）、『異文化の戸惑い』（英宝社）、『自文化発信のアプローチ』（南雲堂）ほか。その他講演、論文、新聞連載記事多数。近年、情報科学技術と人との共生に関わる原稿を積極的に発信。代表記事として、特集記事〈デジタル時代が後押しする「アナログ復権」〉「問われるのはデジタルとアナログを鷹揚に協調させるコラボ力」一般社団法人日本経営協会『OMNI-MANAGEMENT』6月号（２０１６年）などがある。

【第３章執筆】

山下　巖（やました・いわお）

順天堂大学教授。東京外国語大学外国語学部卒業。英国バーミンガム大学大学院修士課程修了。専門は、英語教育学（CALL、英語教材論）、アメリカ文学。日本学術振興会科学研究費委員会専門委員（第１段審査委員　2015～2017）。共編著として、日本図書館協会選定書『デジタル時代のアナログ力』（学術出版会）、『英語で見る世界の大学生の就職事情』（南雲堂）、『異文化理解のための総合英語』（南雲堂）、*Caring for People*（Cengage Learning）。共訳書として、ジョン・スタインベック著『気まぐれバス』『スタインベック全集』第10巻（大阪教育図書）。共著として『国際理解の座標軸』『人間理解の座標軸』（日本図書センター）、『小学校英語マルチTips』（東洋館出版）などがある。

●執筆者　プロフィール●

【第１章執筆】

笹本　浩（ささもと・ひろし）

上智大学文学部英文学科卒。日本企業の海外営業部門に勤務。その後米外資系ＩＴ企業のマーケティング部門に勤務。１９８７年から１９９２年までシンガポール在住。

【第２章執筆】

小林　猛久（こばやし・たけひさ）

東京経済大学経営学部卒。静岡大学大学院人文社会科学研究科比較地域文化専攻修了。現在、和光大学経済経営学部教授。専門はビジネスコミュニケーション。共著書に『国際ビジネスコミュニケーション』（丸善）『情報リテラシーテキスト』（同友館）などがある。

【第４章執筆】

安冨　勇希（やすとみ・ゆうき）

静岡大学情報学部情報社会学科卒業。School for International Training Graduate Institute（SIT）修士課程修了（異文化社会政策学修士）。米国の非営利団体やＩＴベンチャー企業、外資系ソフトウェア会社を経て、現在は静岡大学特任助教。

【第５章執筆】

木内　明（きうち・あきら）

早稲田大学大学院人間科学研究科博士課程単位取得退学。教育学修士。現在、東洋大学ライフデザイン学部准教授。専門は文化人類学。著書『基礎から学ぶ韓国語』（国書刊行会）『韓国語文法トレーニング』（高橋書店）『聞けて話せるハングル』（ＮＨＫ出版）等。

【第７章執筆】

前野　博（まえの・ひろし）

神戸大学大学院教育学専攻修了。現在、至学館大学健康科学部准教授。情報処理センター長。専門は教育情報学。著書『音楽 Mac のつくり方』『電子メールのトラブルシューティング』（毎日コミュニケーションズ）等、編著書『実践 情報リテラシー』（同友館）等。

【第8章執筆】

小川　勤（おがわ・つとむ）

名古屋大学国際開発研究科博士課程修了。博士（学術）。現在，山口大学大学教育センター副センター長・教授。学生特別支援室長。専門は高等教育論、教育方法論、特別支援教育。共著書に『教学改善のすすめ』（ぎょうせい）『デジタル時代のアナログ力』（学術出版会）『情報リテラシーテキスト』（同友館）などがある。

【第9章執筆】

西村　厚子（にしむら・あつこ）

米国ペンシルバニア大学教育学大学院言語教育学研究科英語教授法専攻（TESOL）修士課程修了。現在、共立女子短期大学文科教授。専門は英語教育学。共著書に『異文化理解の座標軸』（日本図書センター）『Global Business Trends』（南雲堂）『Active Presentations』（金星堂）などがある。

【第10章執筆】

伊東　田恵（いとう・たえ）

ロンドン大学インスティチュート・オブ・エデュケーション（TESOL専攻）修士課程修了。現在、豊田工業大学工学部准教授。専門は英語教育学。共著書に『Go for the TOEIC Test』（英宝社）『Step-up Interactive Listening』（金星堂）などがある。

【第11章執筆】

酒井　太一（さかい・たいち）

琉球大学医学部保健学科卒業。東北大学大学院医学系研究科博士課程修了。博士（医学）。仙台市役所勤務を経て現在、順天堂大学保健看護学部准教授。専門は公衆衛生看護学。共著書に『デジタル時代のクオリティライフ』（遊行社）、『実力確認!!保健師国家試験予想問題集』（久美出版）などがある。

【第12章執筆】

榎本　佳子（えのもと・よしこ）

青山学院女子短期大学卒、国際医療福祉大学大学院医療福祉学研究科博士課程修了。博士（介護福祉・ケアマネジメント学）。順天堂大学医学部附属東京江東高齢者医療センターでの勤務を経て現在、順天堂大学保健看護学部講師。専門は高齢者看護学。

【第13章執筆】

林　亮（はやし・りょう）

新潟大学医学部保健学科卒、聖路加看護大学（現聖路加国際大学）博士前期課程修了。北里大学病院での勤務を経て現在、順天堂大学保健看護学部助教。専門は小児看護学。

【第14章執筆】

長沼　淳（ながぬま・あつし）

東京都立大学大学院人文科学研究科博士課程単位取得退学。博士（文学）。現在、順天堂大学保健看護学部先任准教授。専門は医療の哲学、生命倫理学、現象学（フッサール中期）。共著書に『デジタル時代のクオリティライフ』（遊行社）、共訳書にマイケル・ダメット『分析哲学の起源』（勁草書房）などがある。

【第15章執筆】

釘宮　宗大（くぎみや・むねひろ）

順天堂大学大学院スポーツ健康科学研究科修了（スポーツ健康科学修士）。スリランカ体操競技男子代表ナショナルコーチ・フィリピン体操競技男子代表ナショナルコーチを経て現在、帝京大学医療技術学部スポーツ医療学科助教。専門はスポーツ運動学。２０１６年カンボジアにてコーチングセミナー講師を担当

石井　十郎（いしい・じゅうろう）

筑波大学大学院体育研究科修士課程修了。早稲田大学スポーツ科学研究科博士後期課程満期退学。現在は、東海大学経営学部講師。専門はスポーツ経営学。共著書に『よくわかるスポーツマネジメント』（ミネルヴァ書房）等。

グローバル時代のコア・ベクトル
― 意外性への視線 ―

2018年12月15日　第1刷発行

編著者　淺間　正通
　　　　山下　巖
発行者　本間　千枝子
発行所　株式会社遊行社

〒160-0008　東京都新宿区四谷三栄町5-5-1F
TEL　03-5361-3255　FAX　03-5361-1155
http://yugyosha.web.fc2.com/
印刷・製本　モリモト印刷株式会社

ISBN978-4-902443-45-5